AIKO TANIGUCHI

SHINBIYO SHUPPAN

Welcome to her Hair Wonderland.

色遊び　布遊び
和テイストで遊ぶ
踊る色　纏う布　重なる色、いろいろ
髪がオブジェになる
着物解体　BARABARA
私たちの行きつくところは ROCK

谷口愛子は童女になった
誰も彼女を止められない
とらわれず　心のおもむくまま
しきたりを全部はずして　時には自由もいいじゃない？

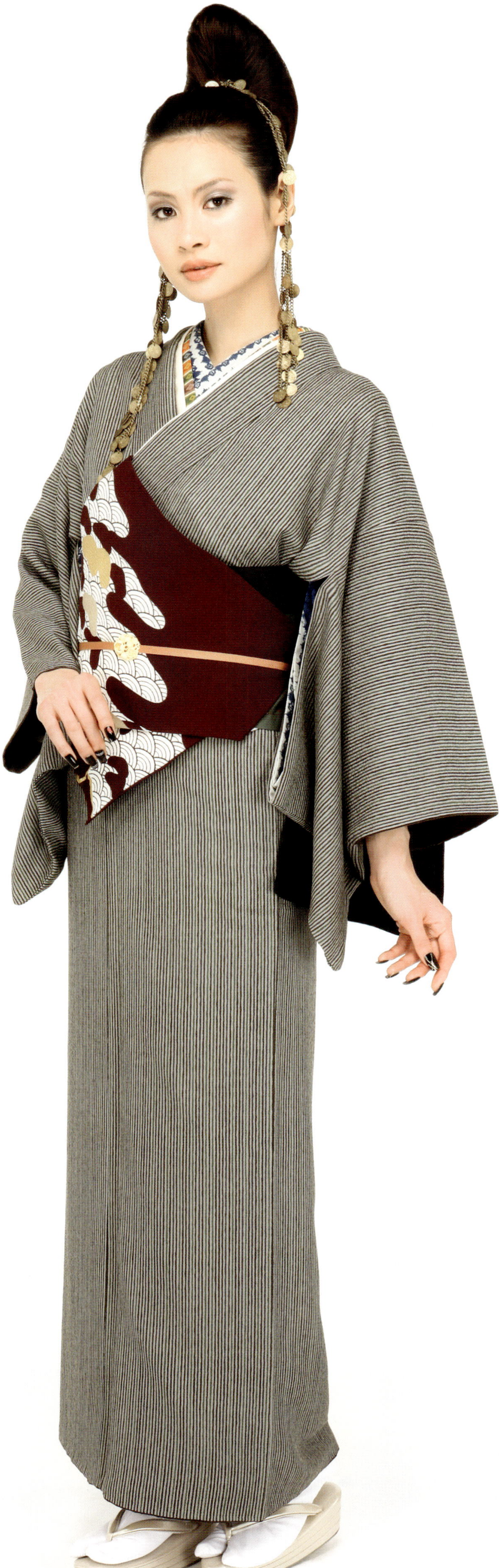

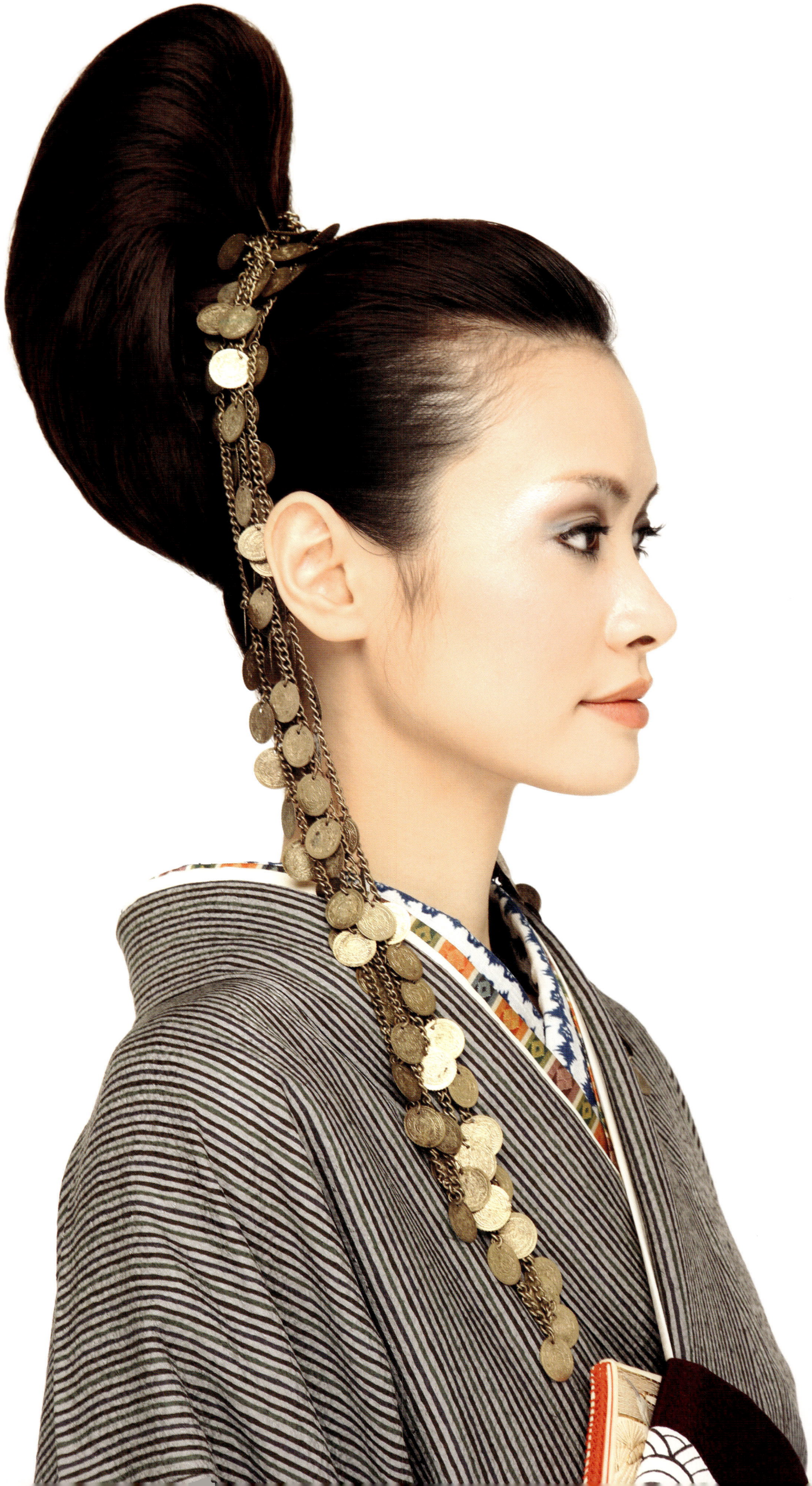

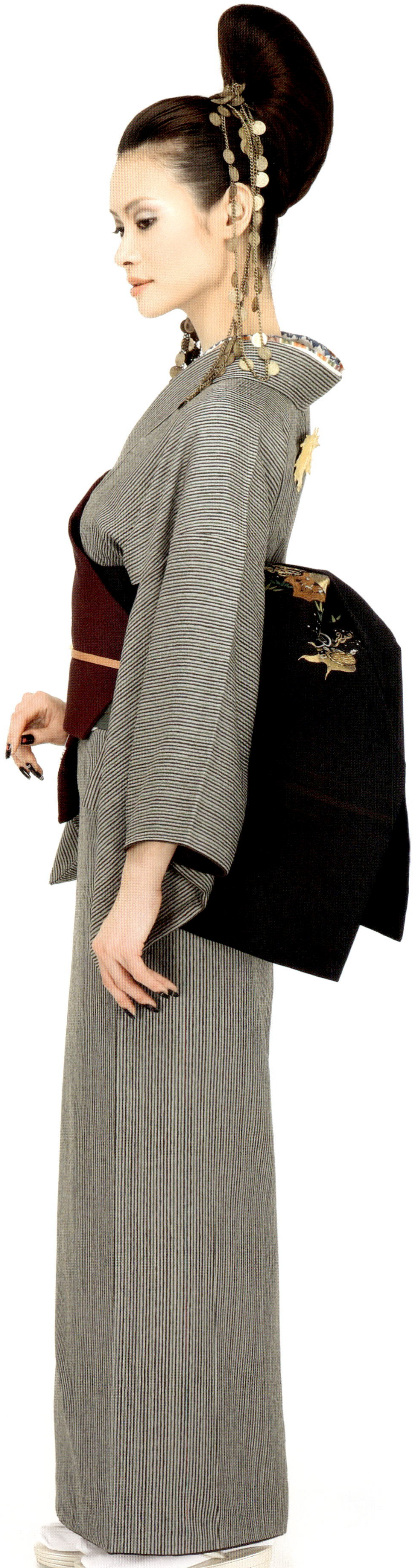

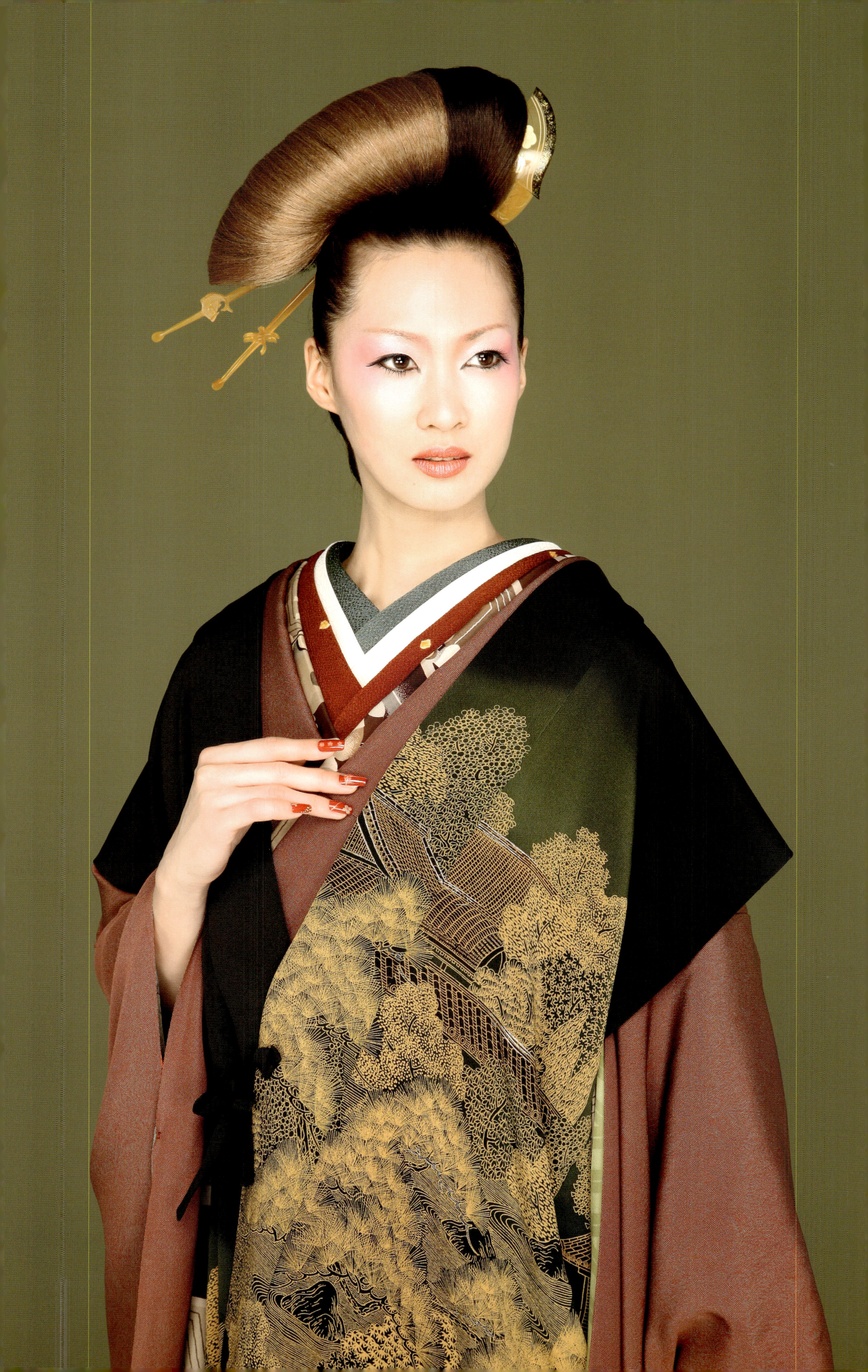

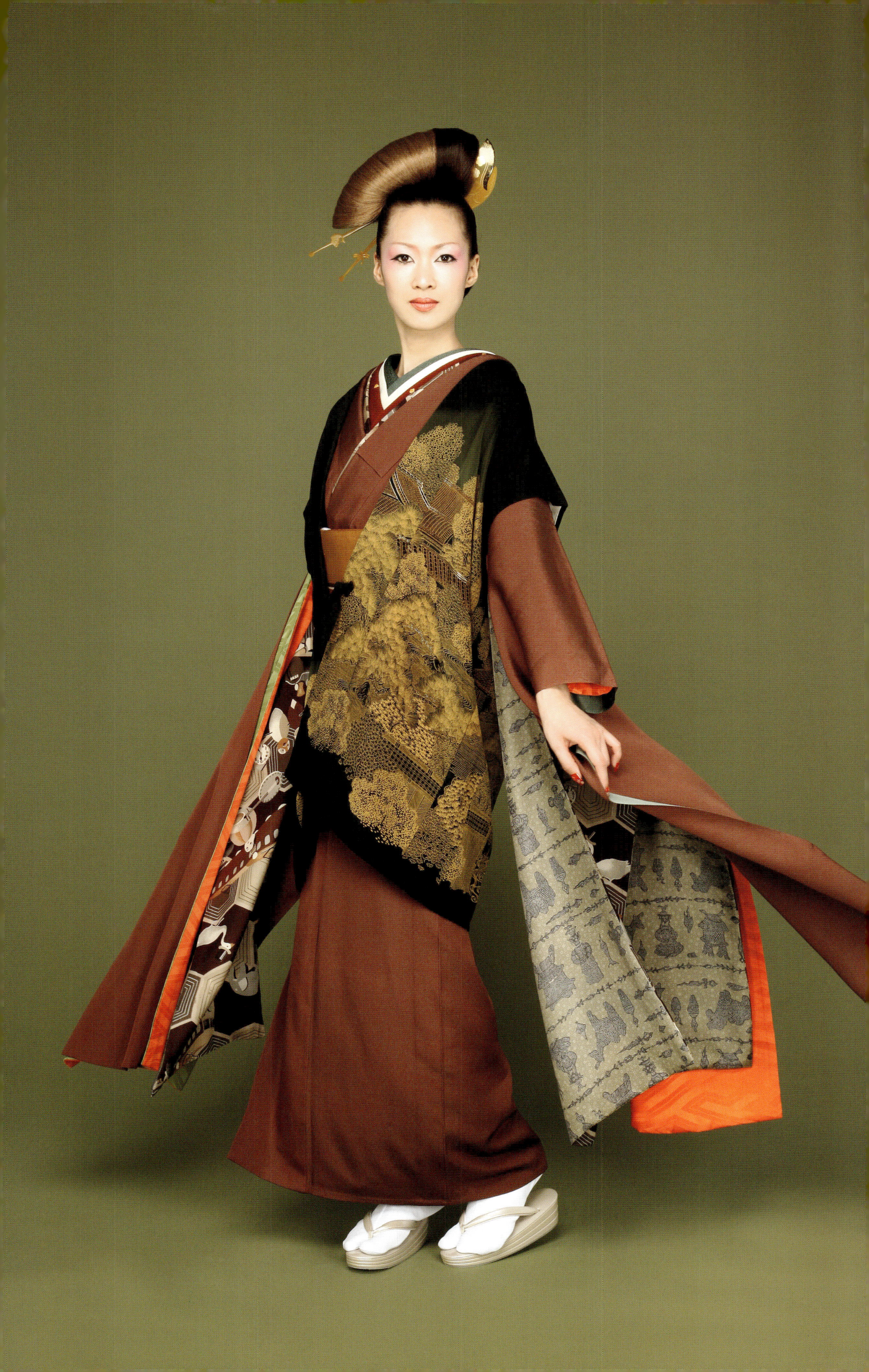

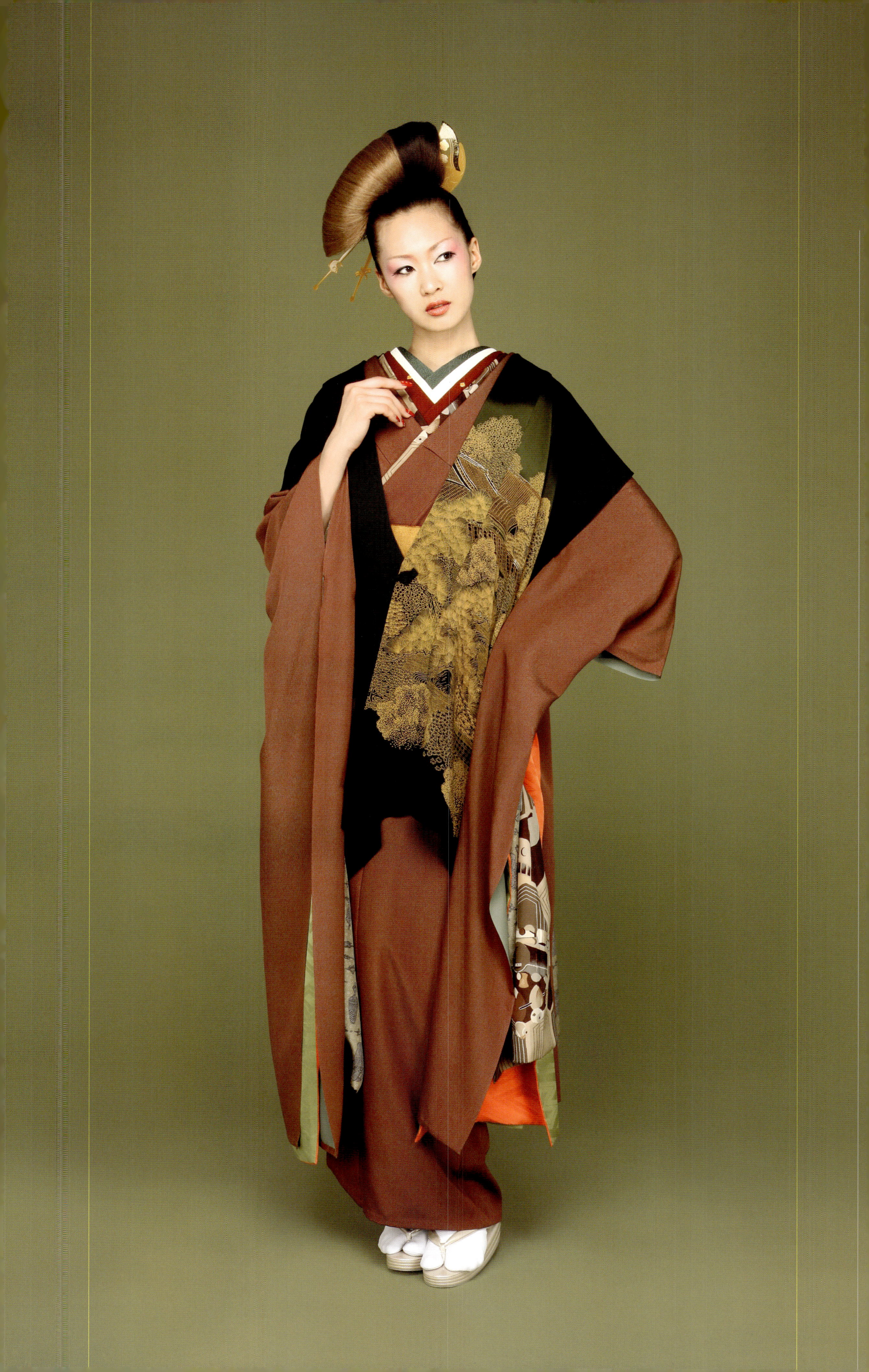

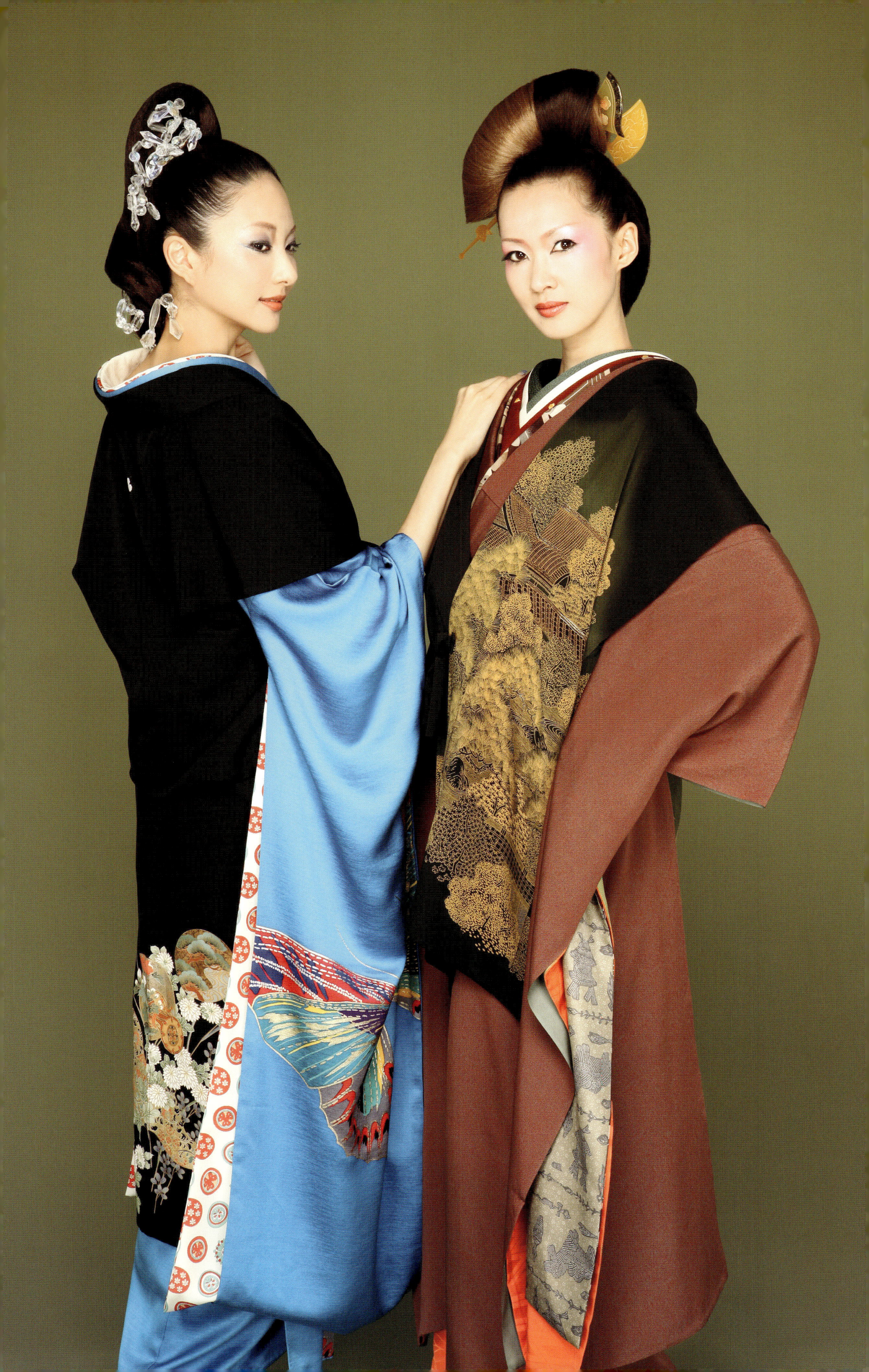

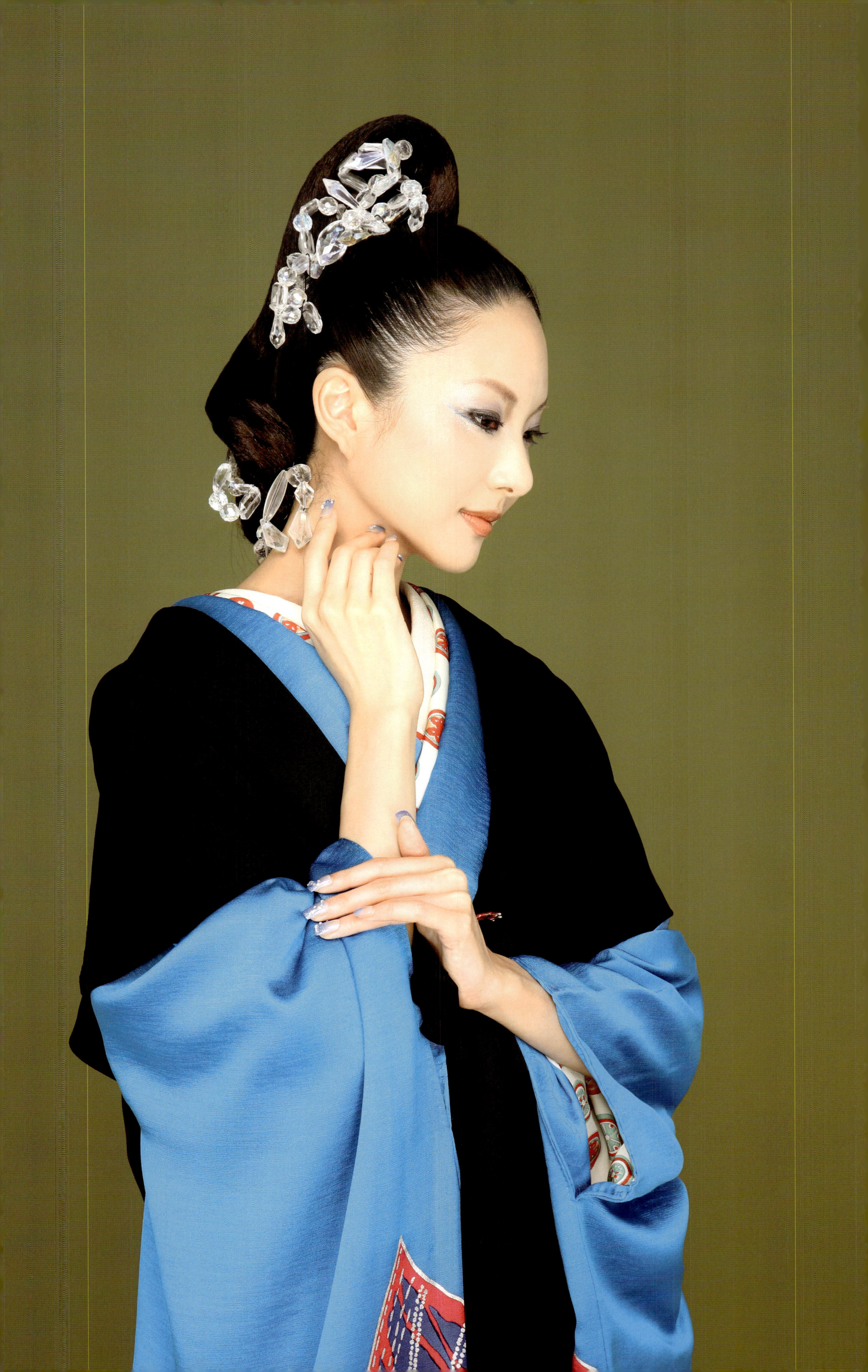

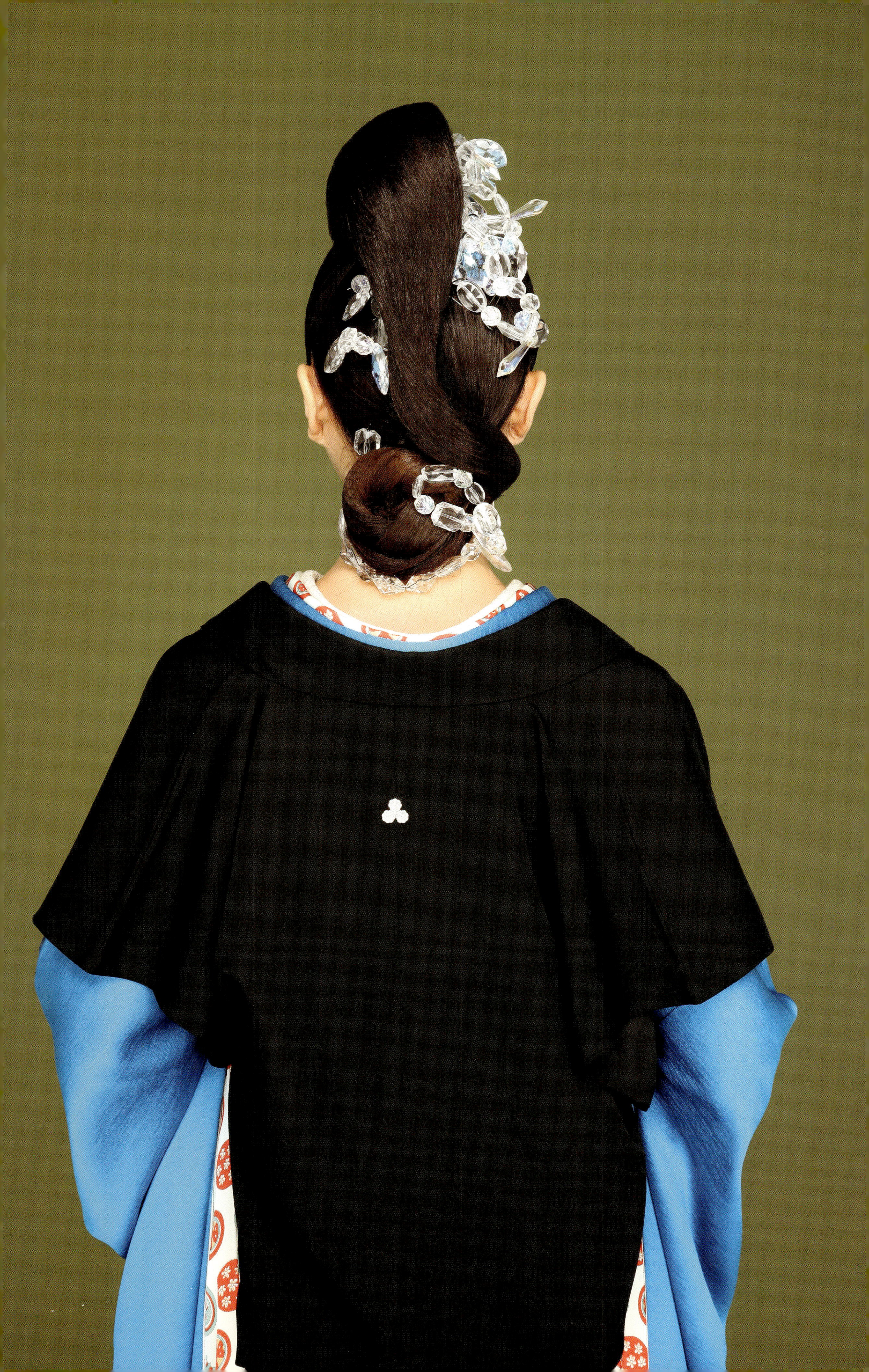

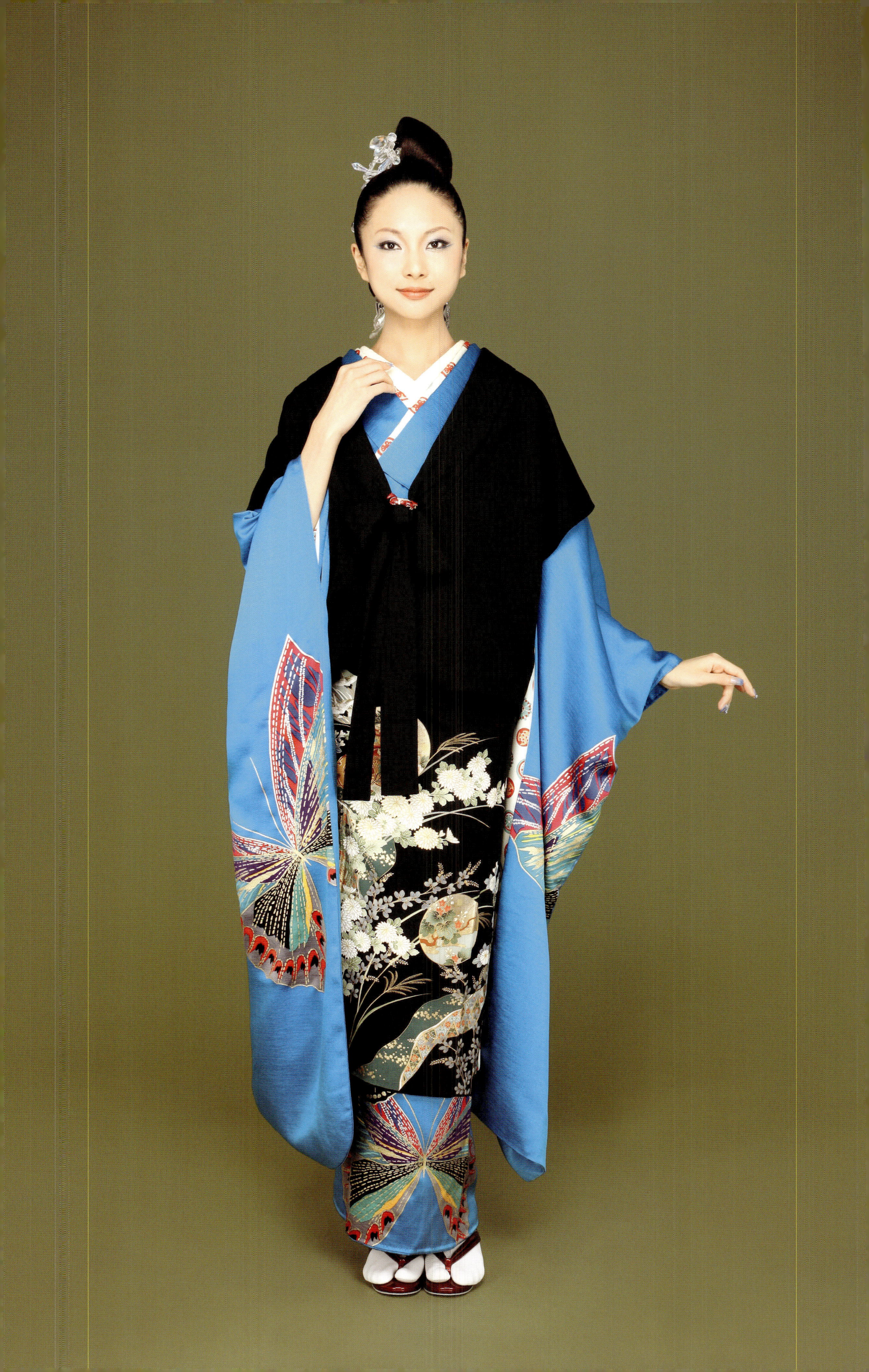

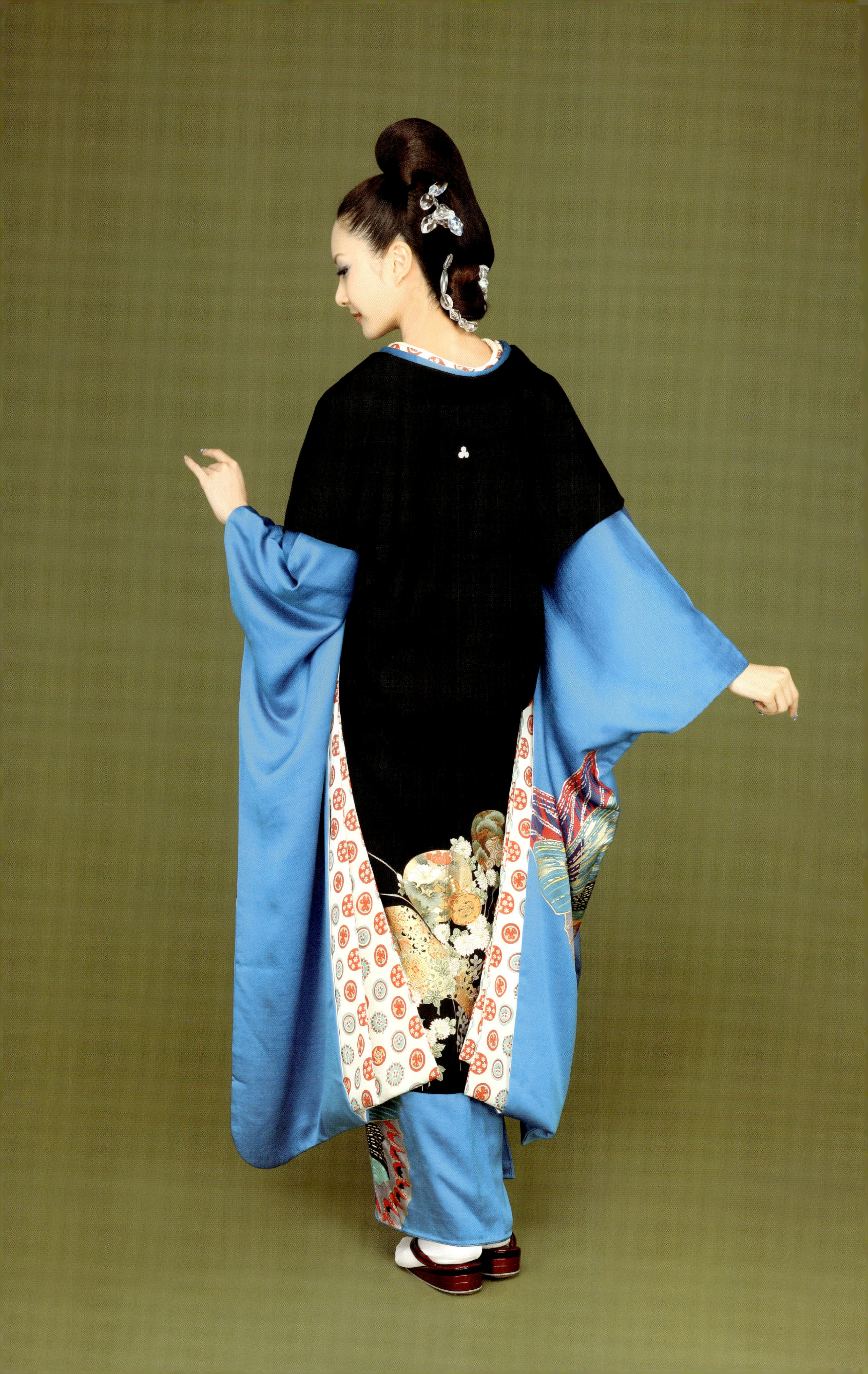

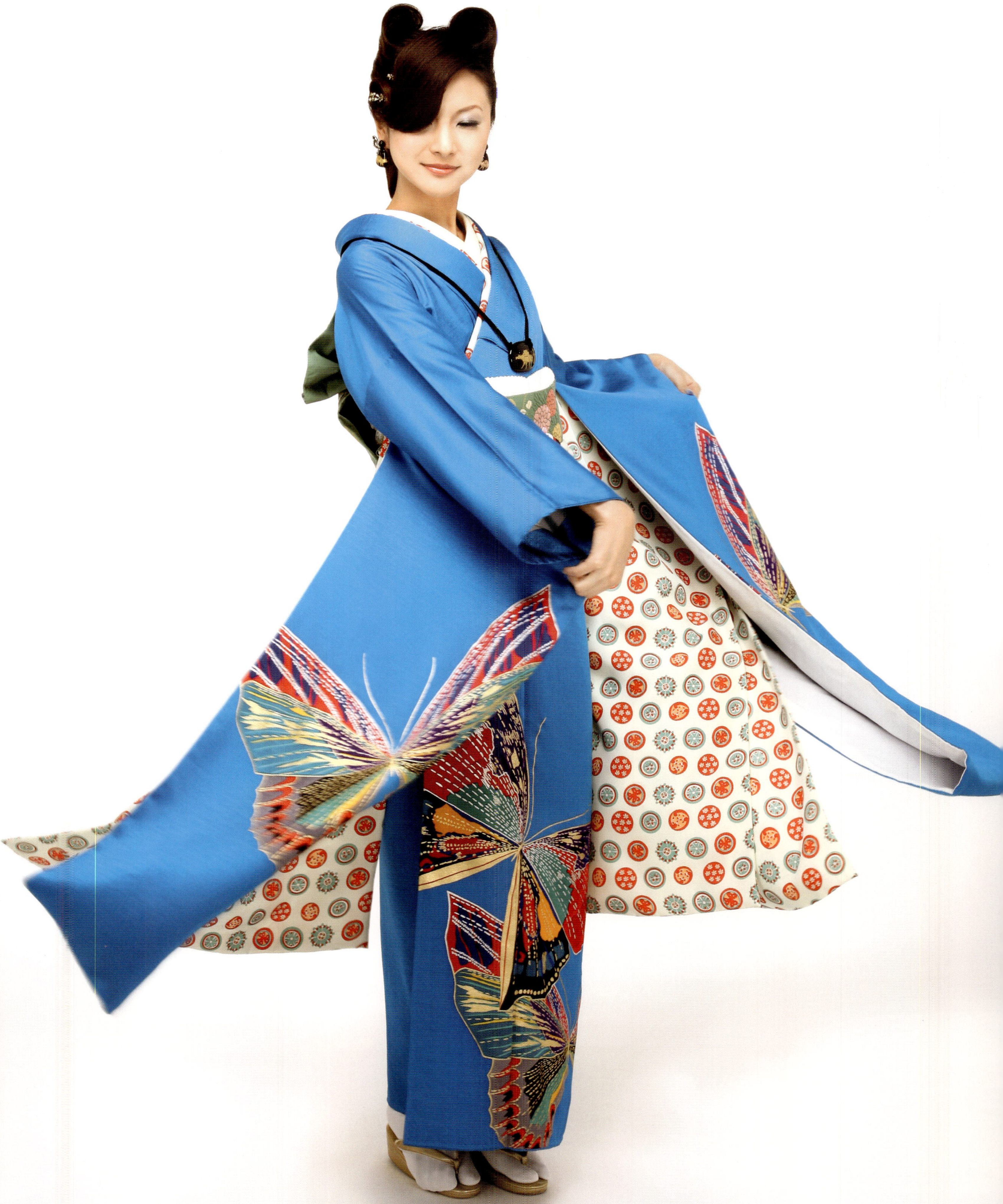

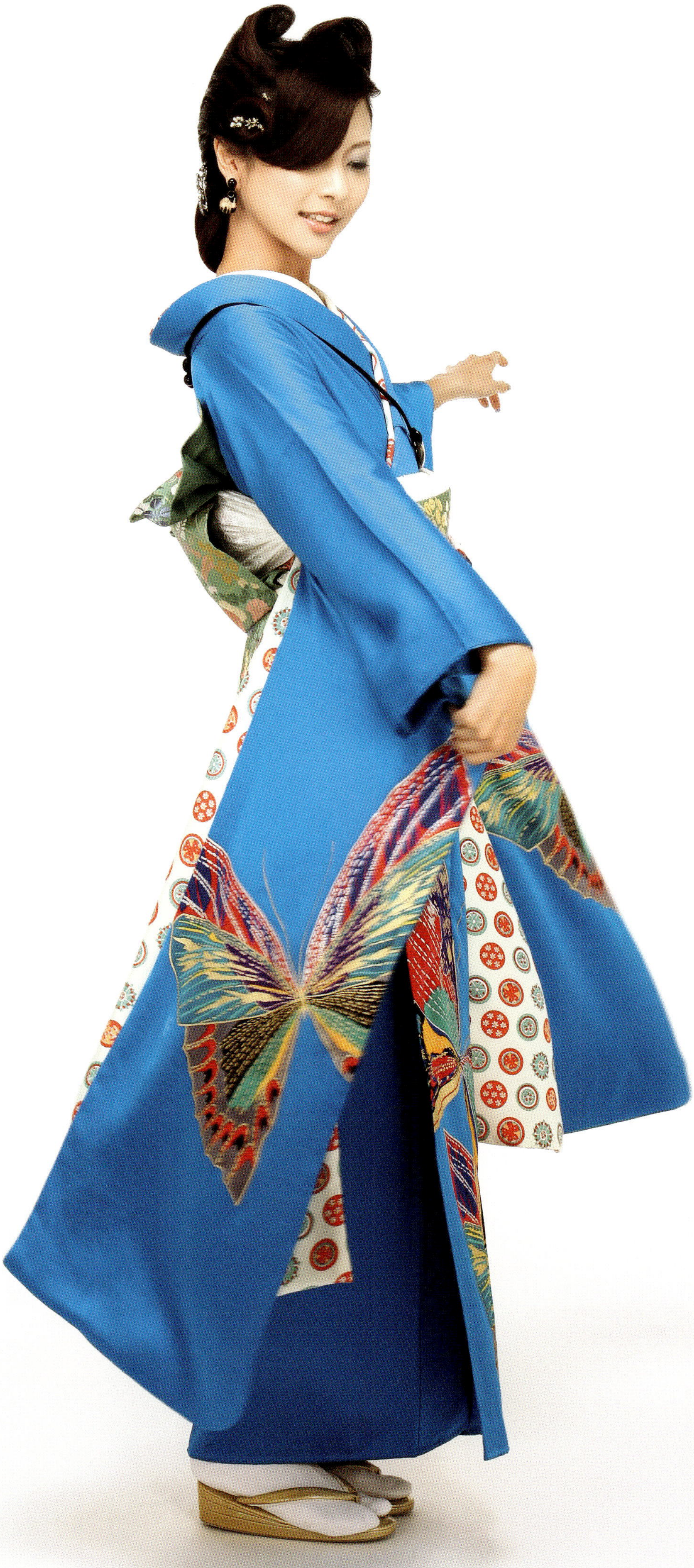

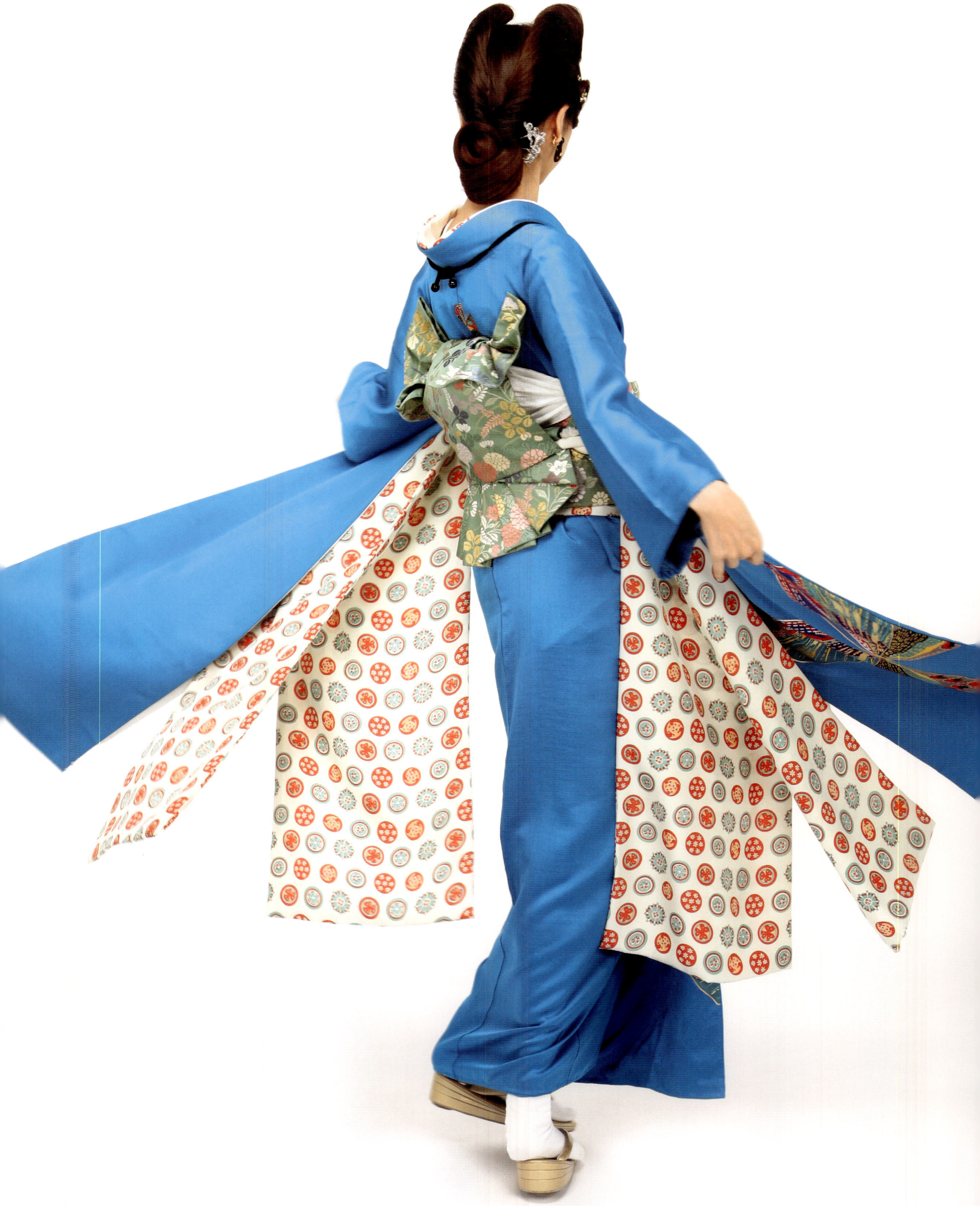

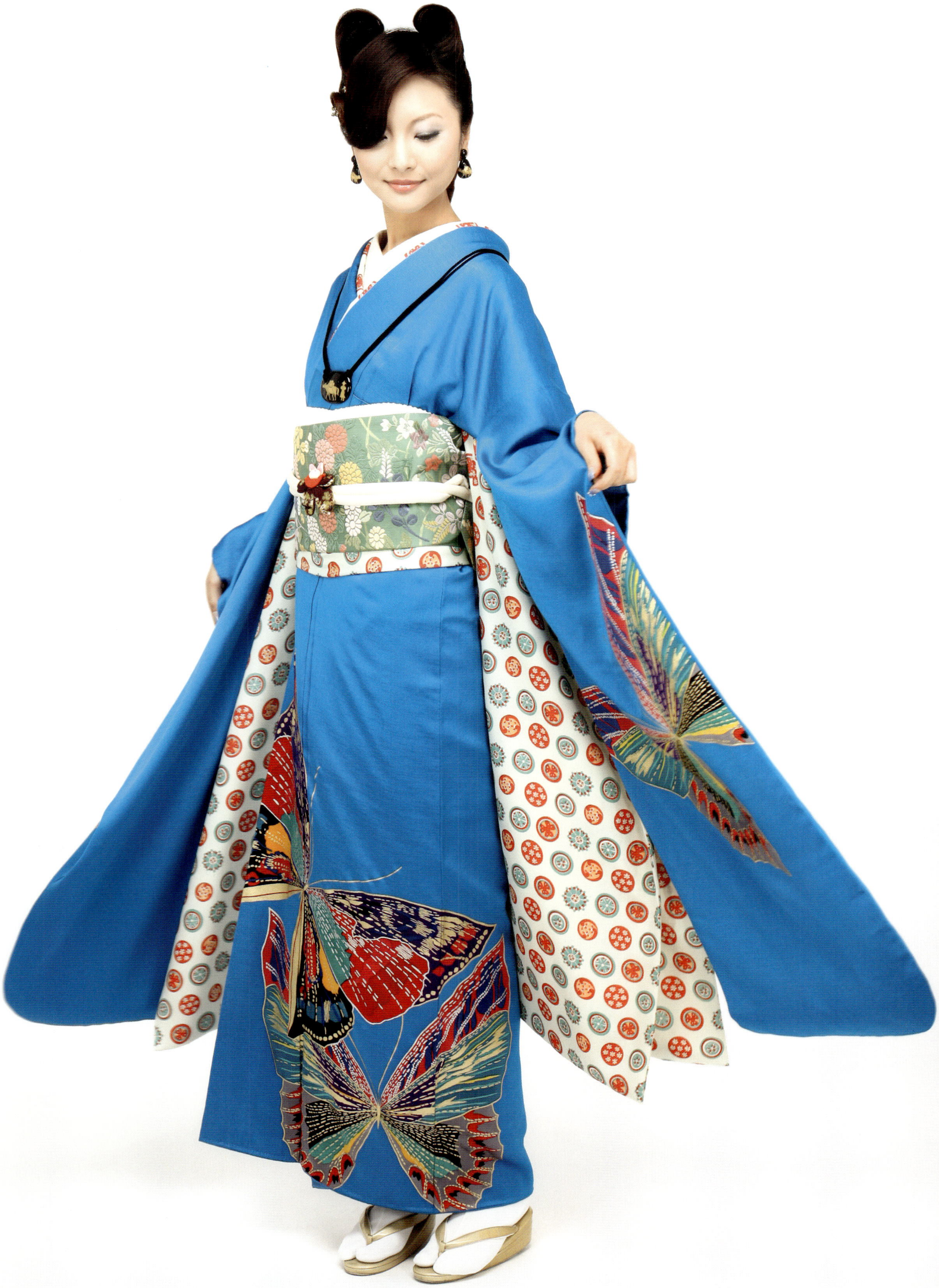

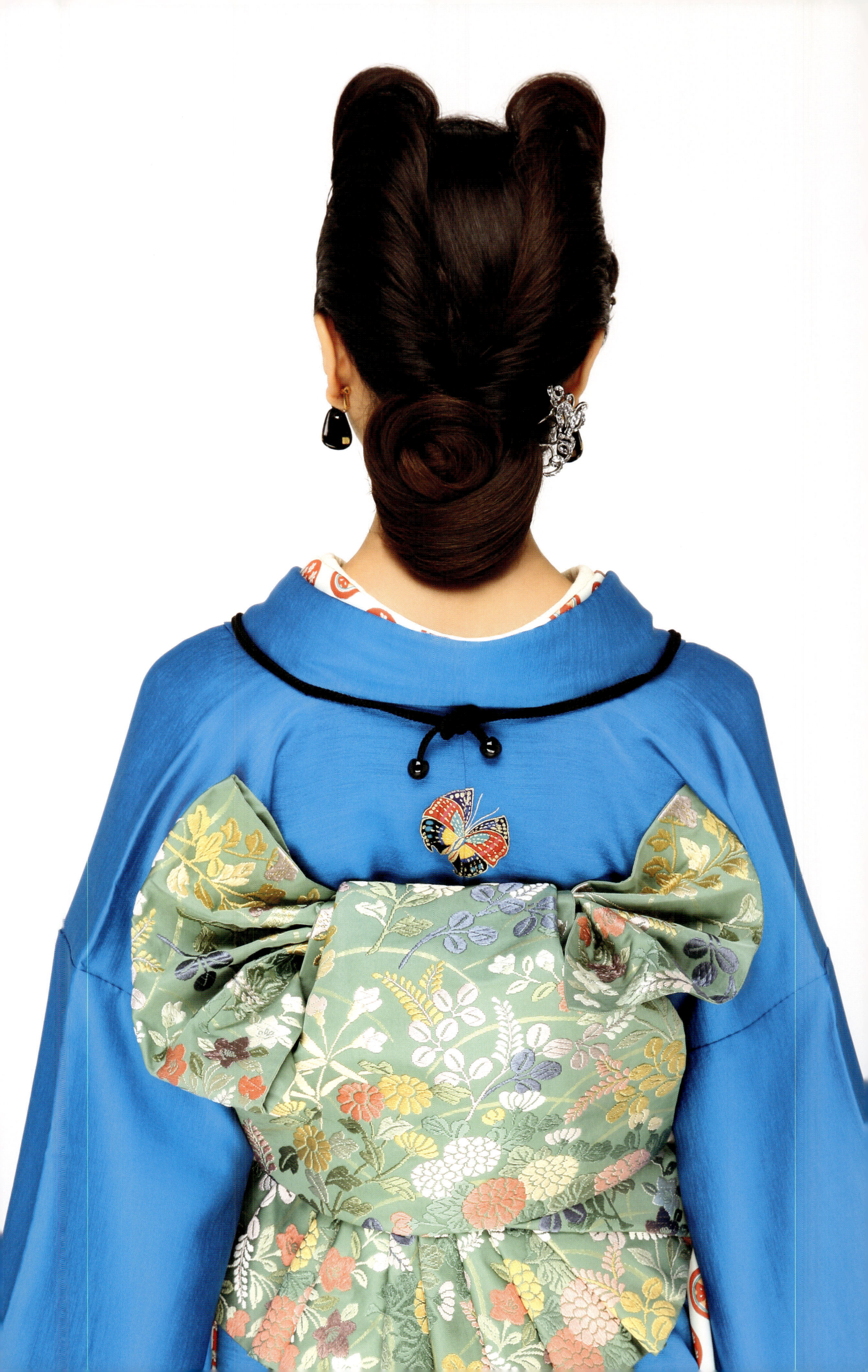

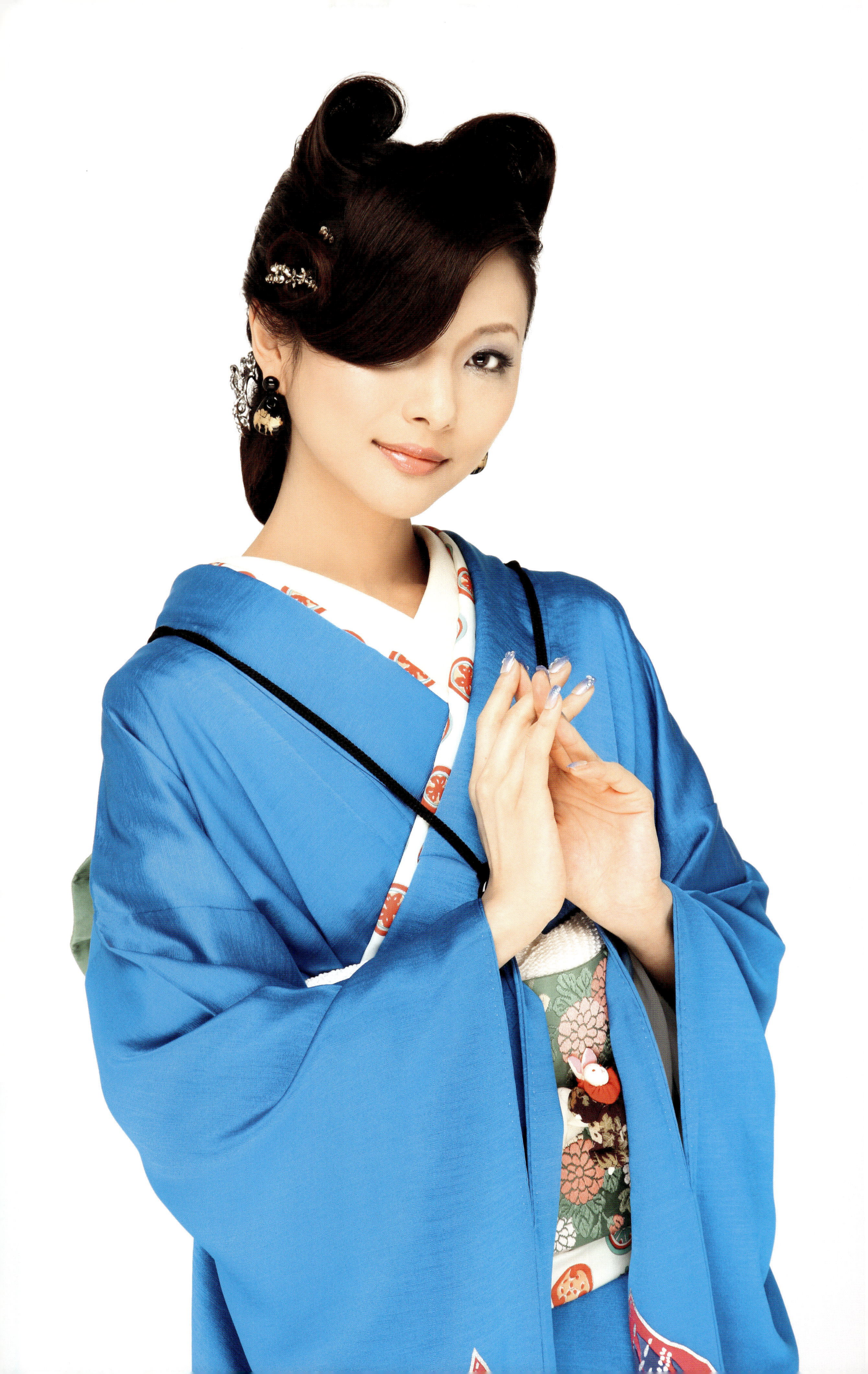

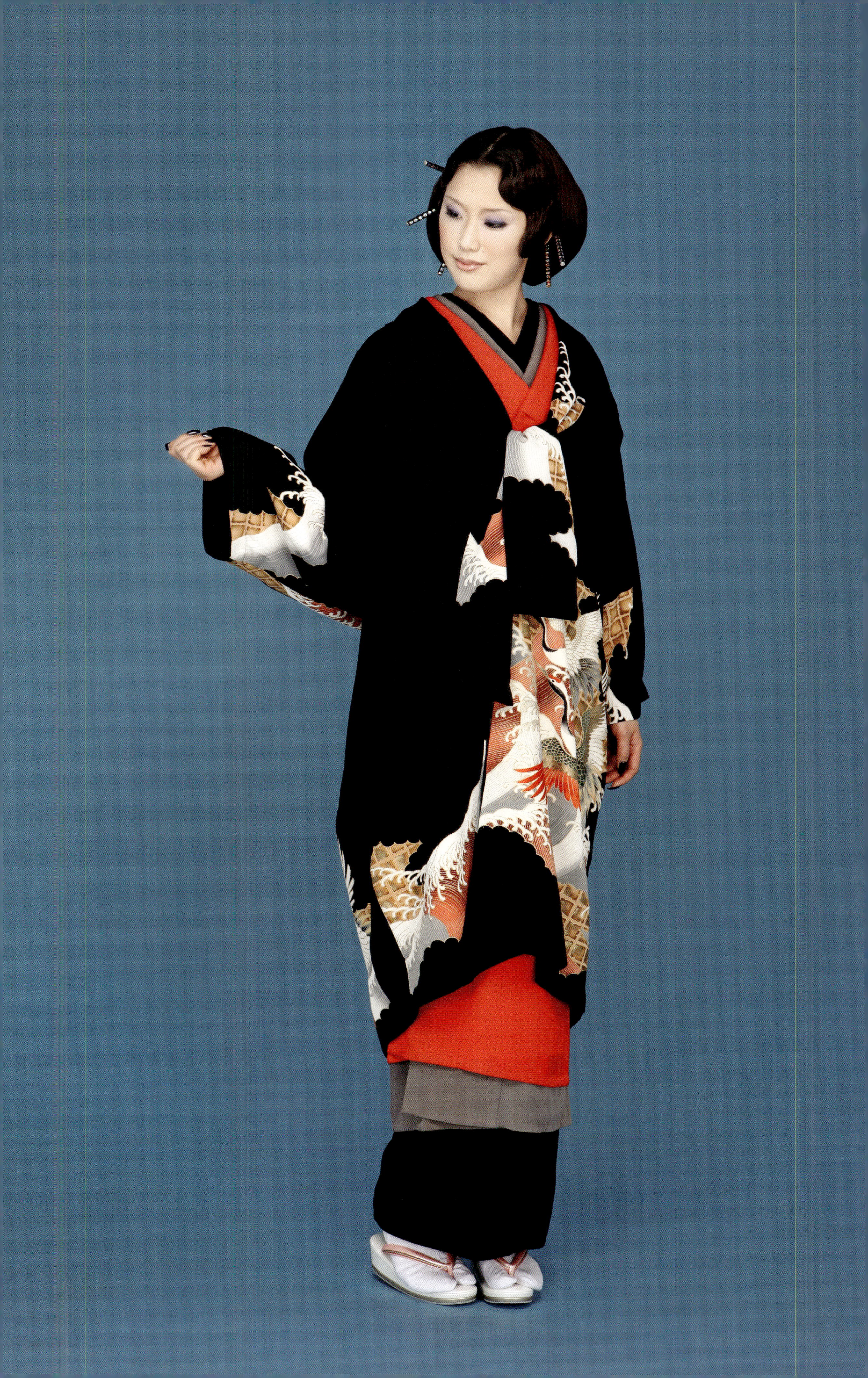

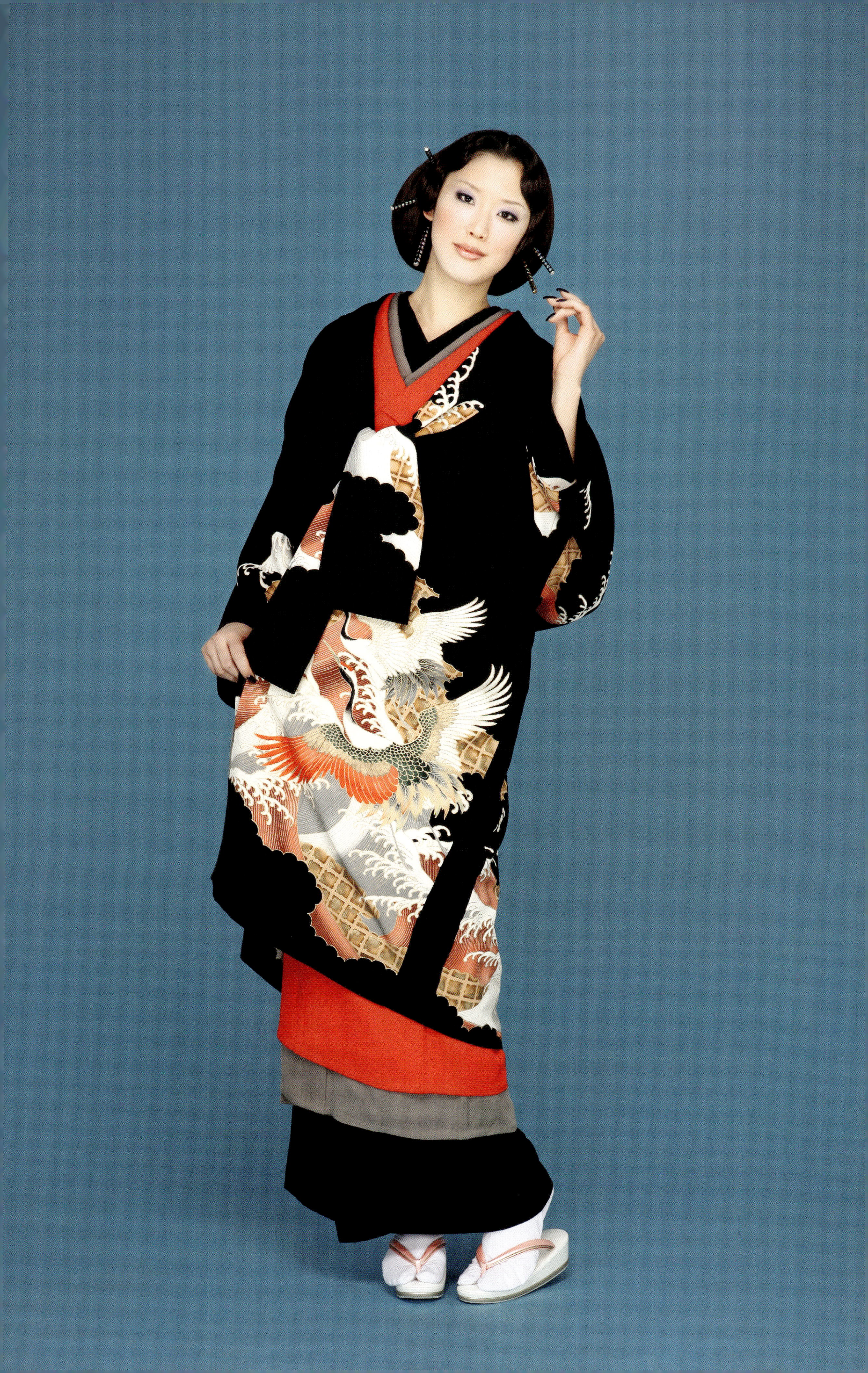

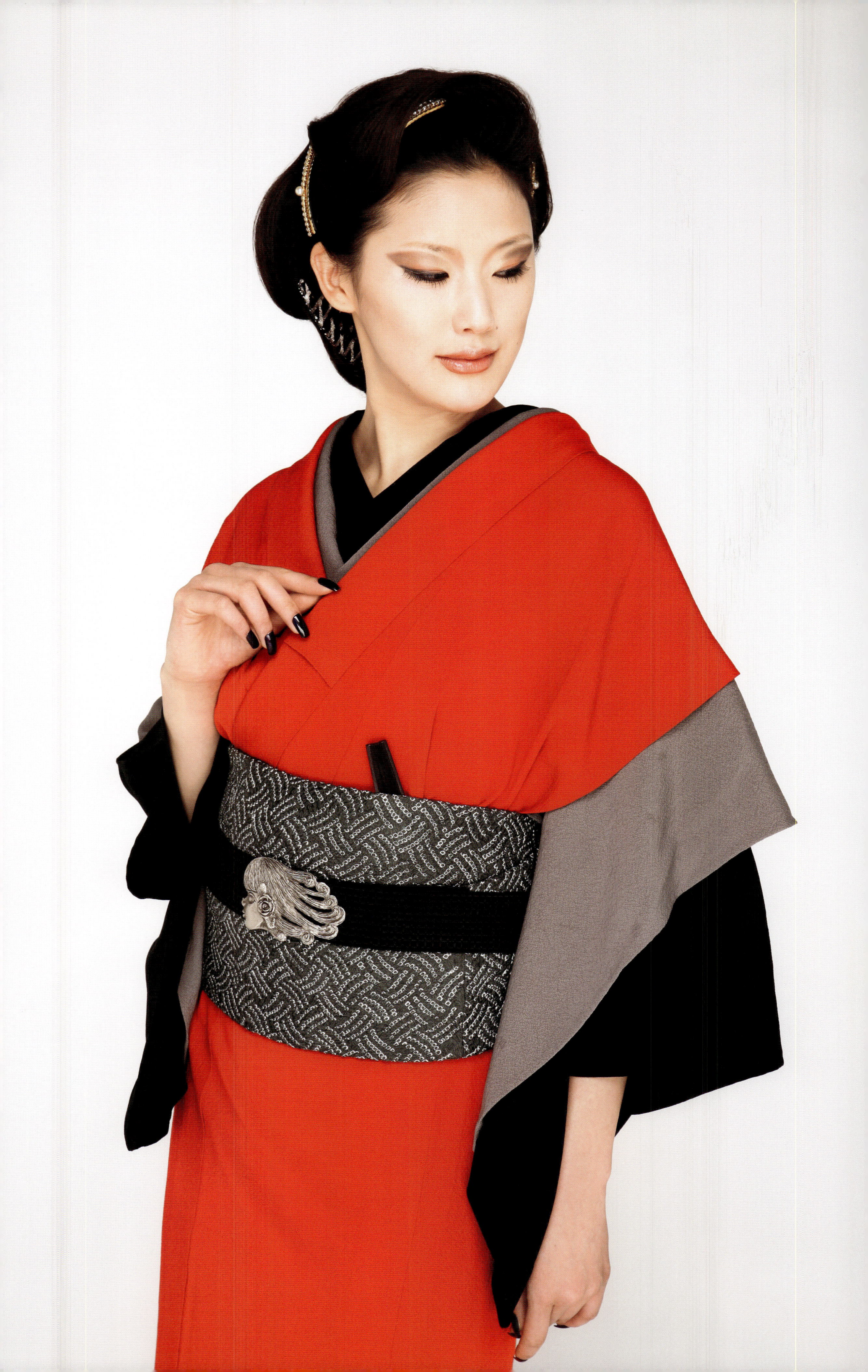

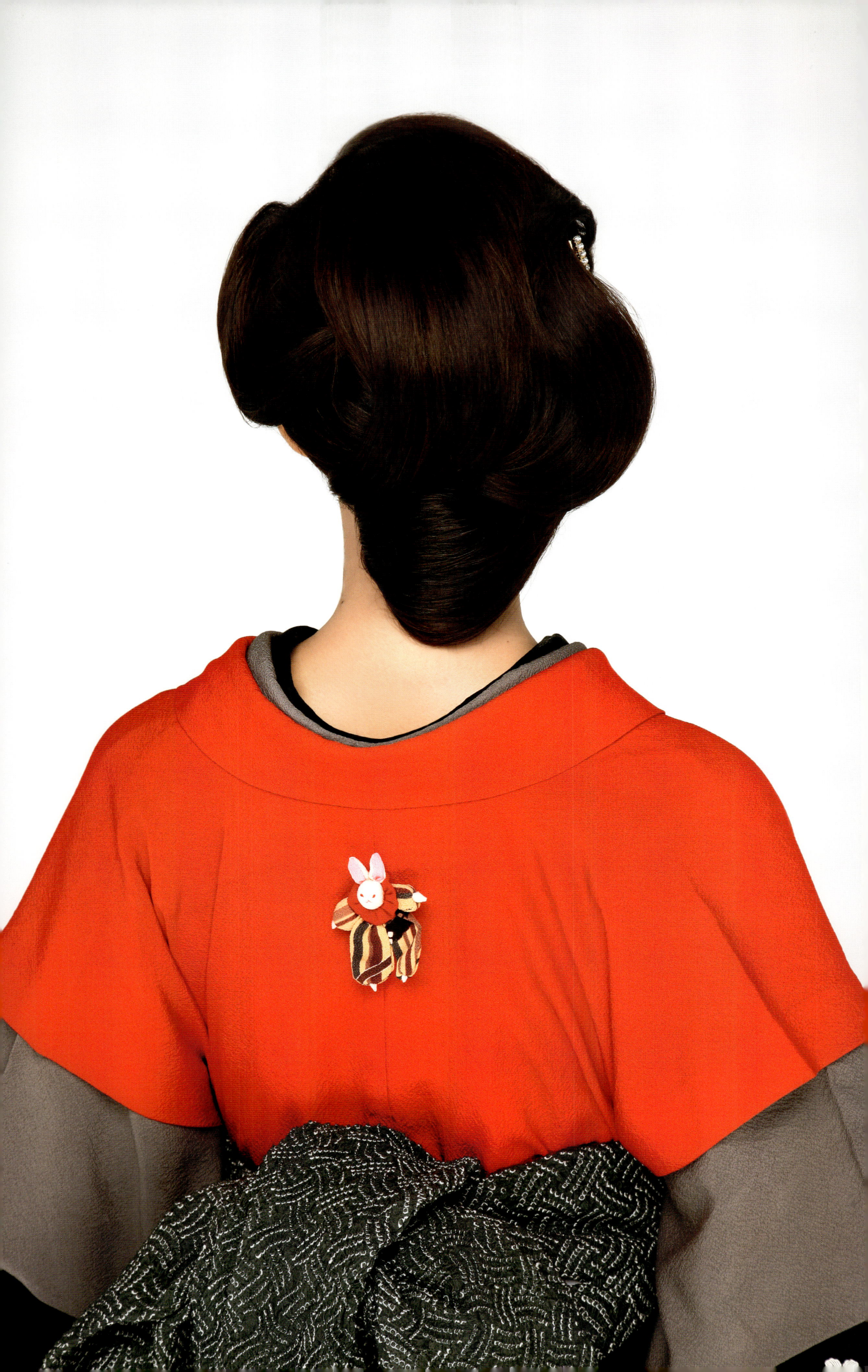

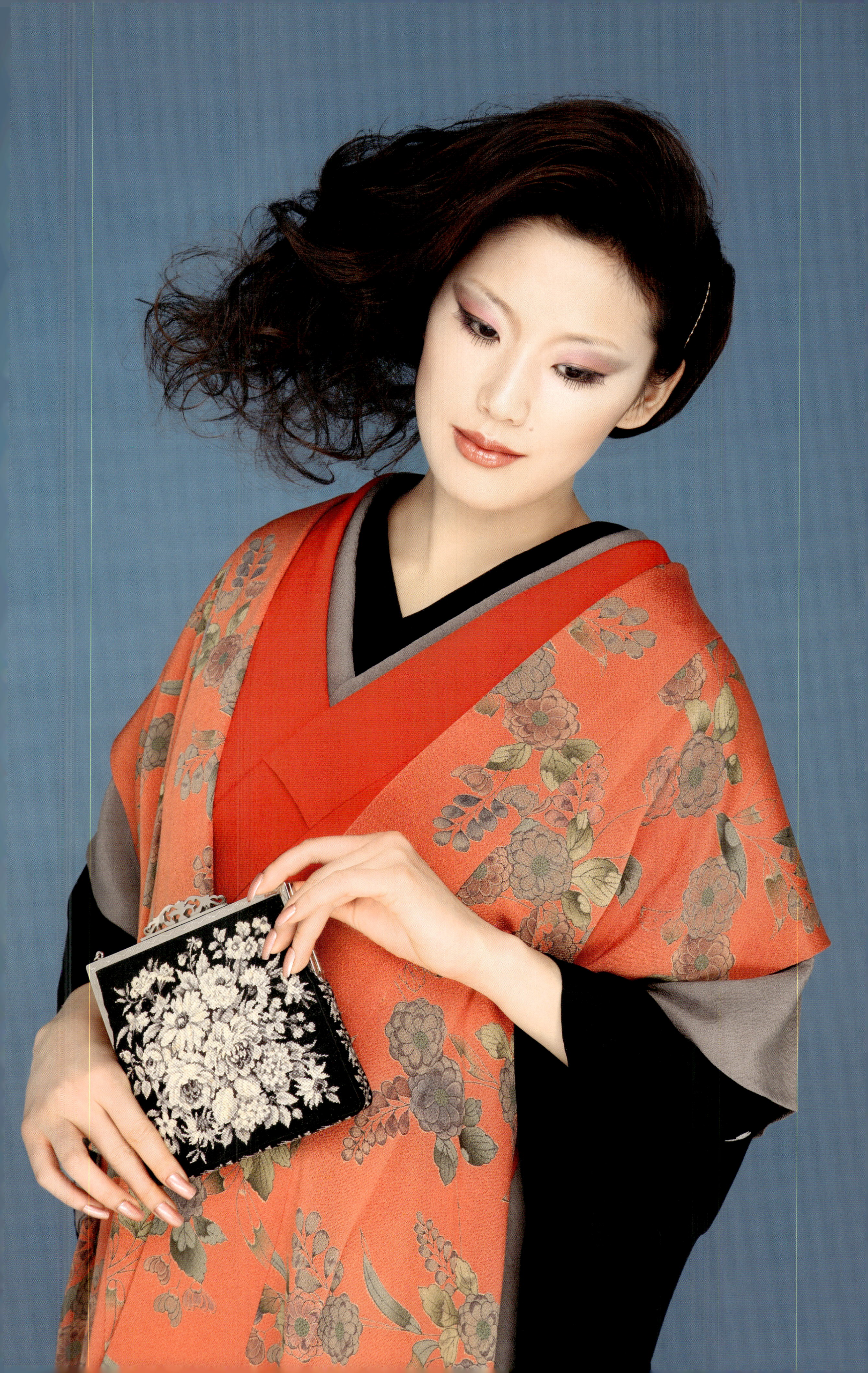

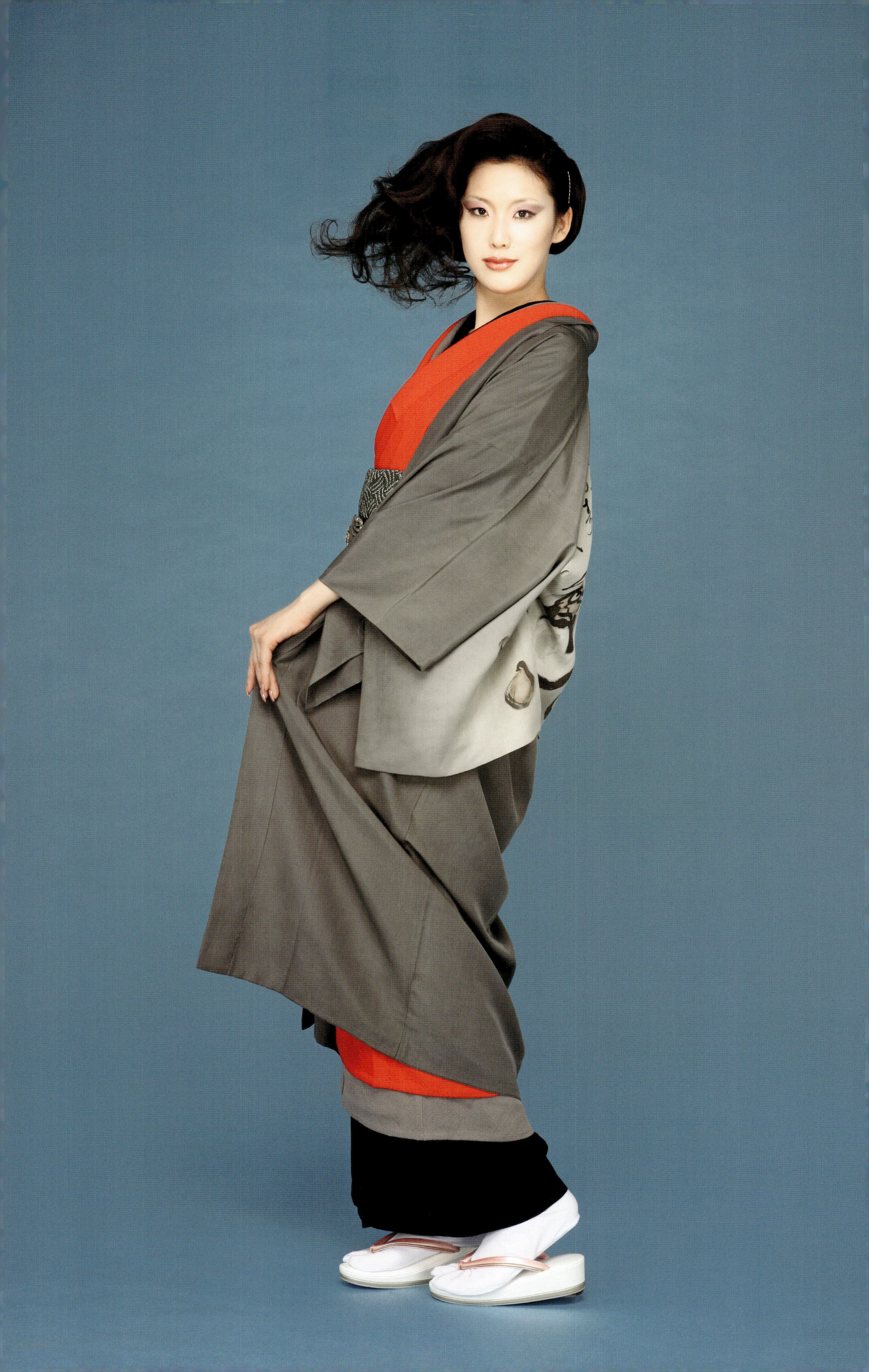

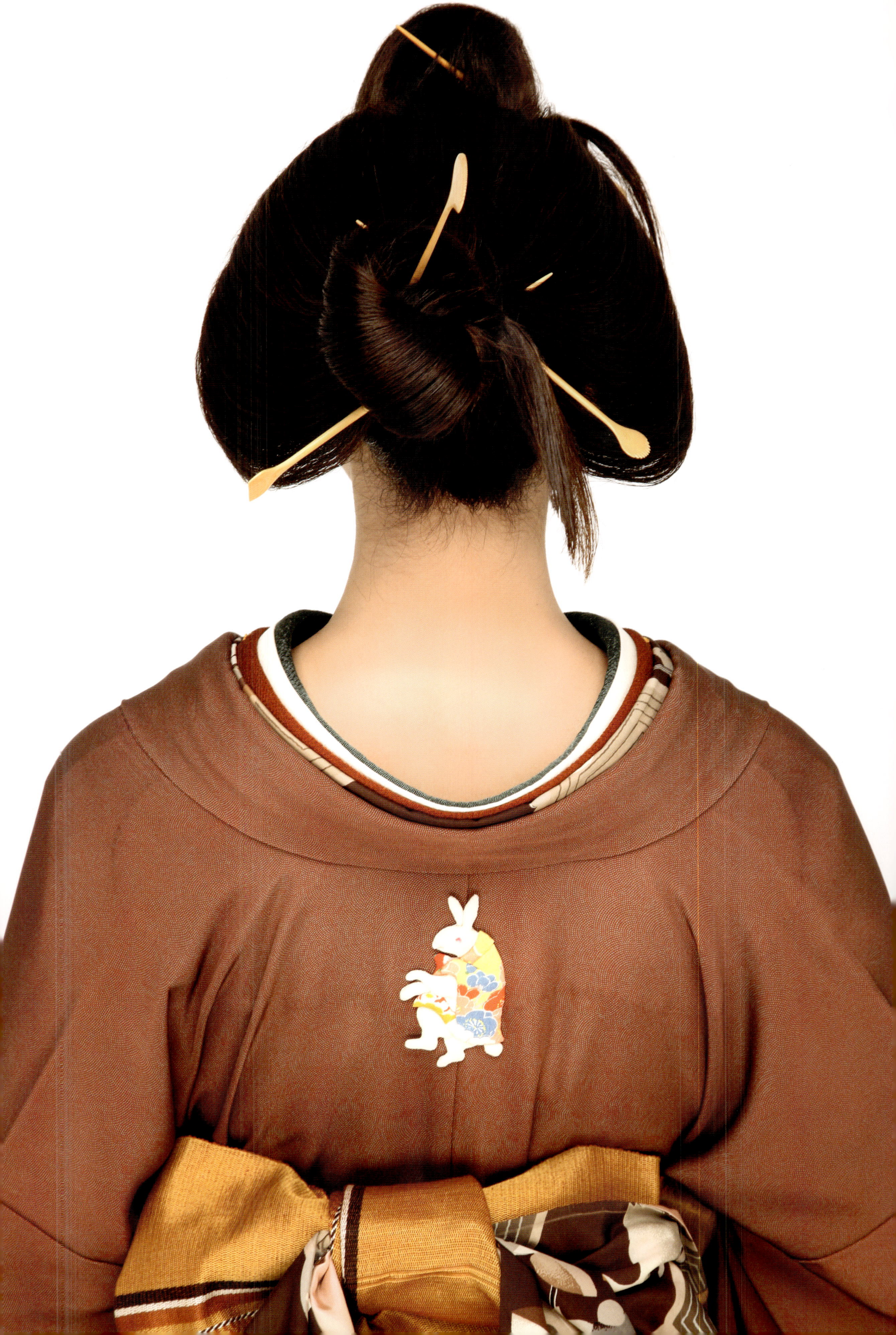

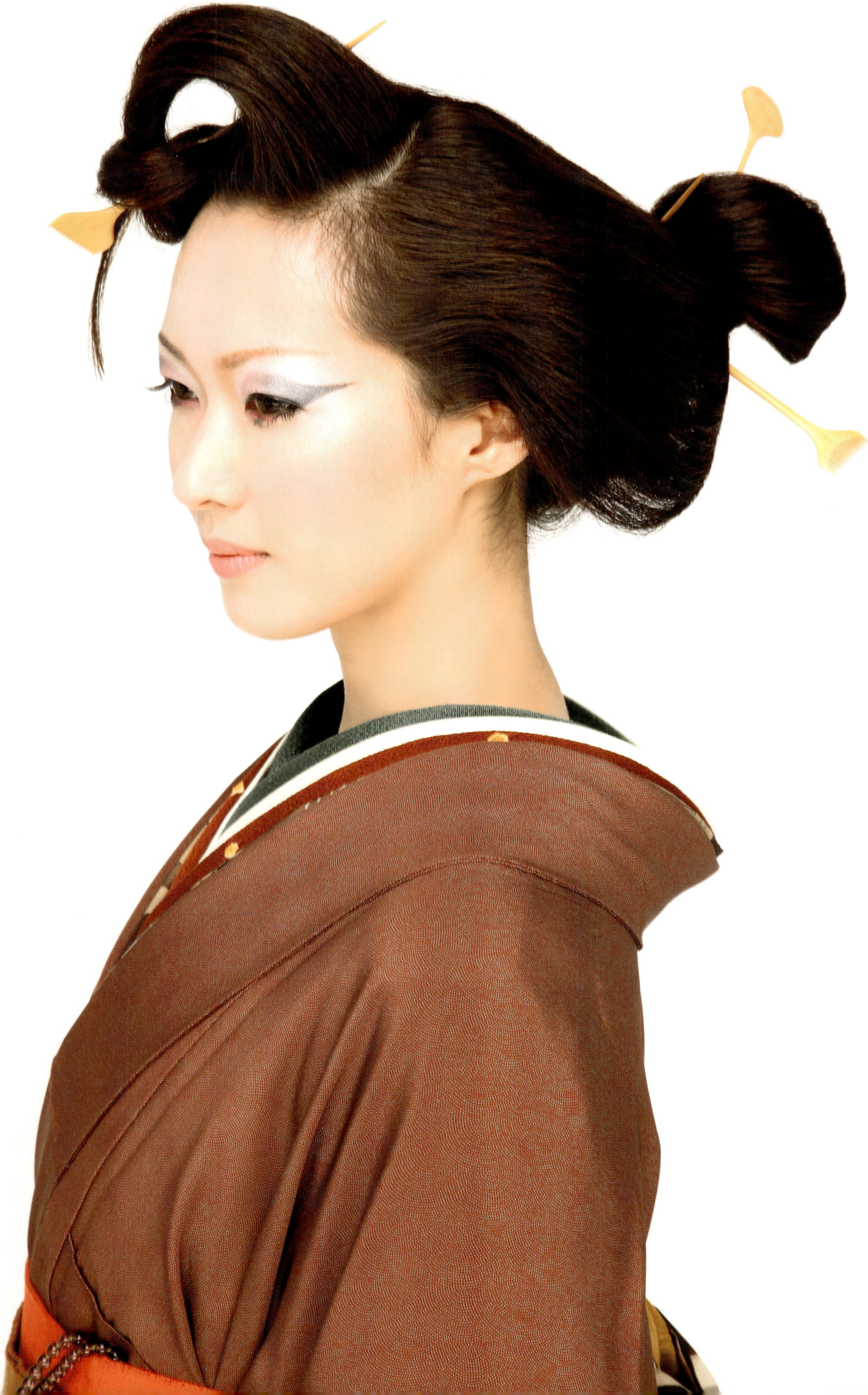

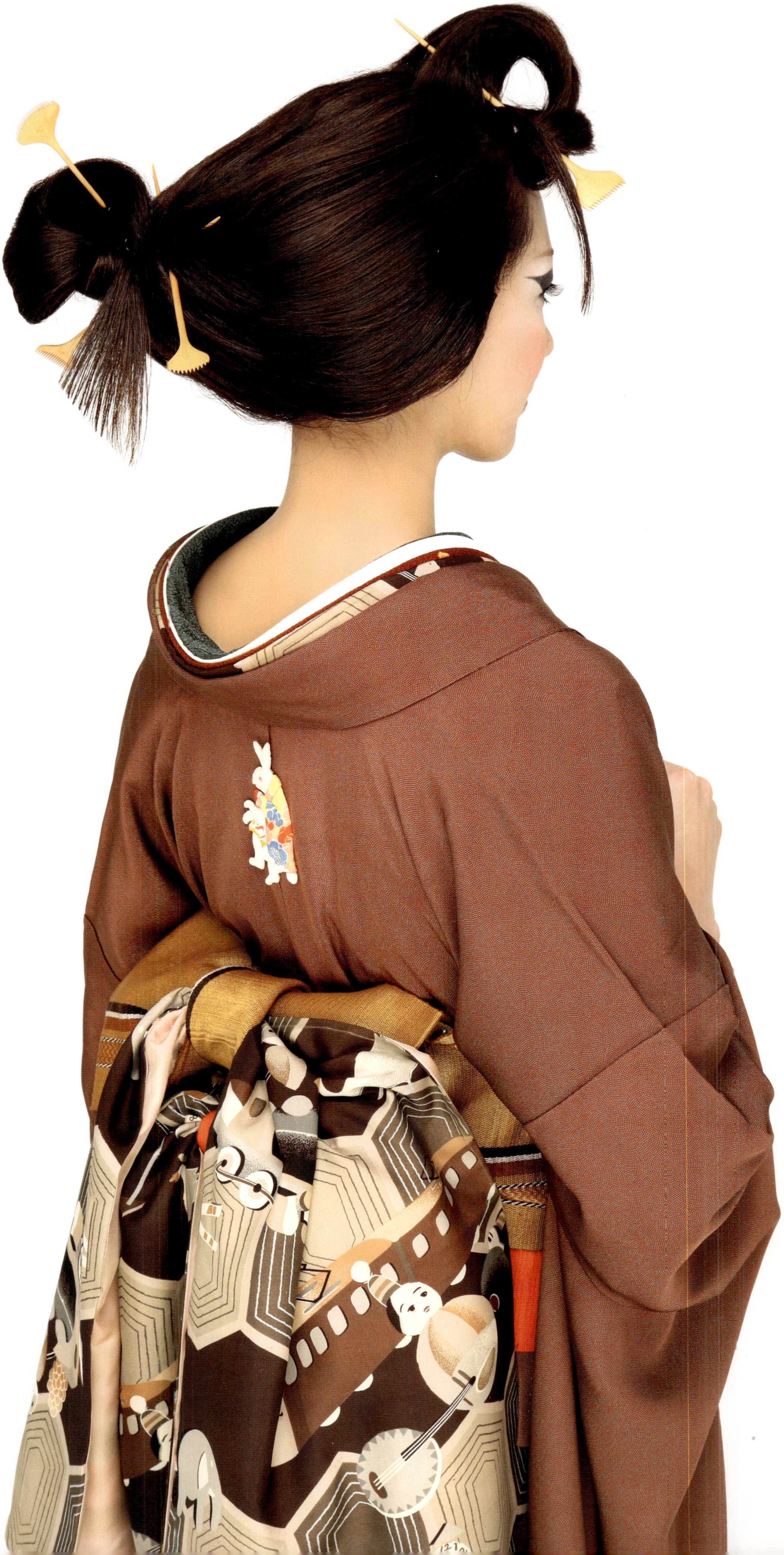

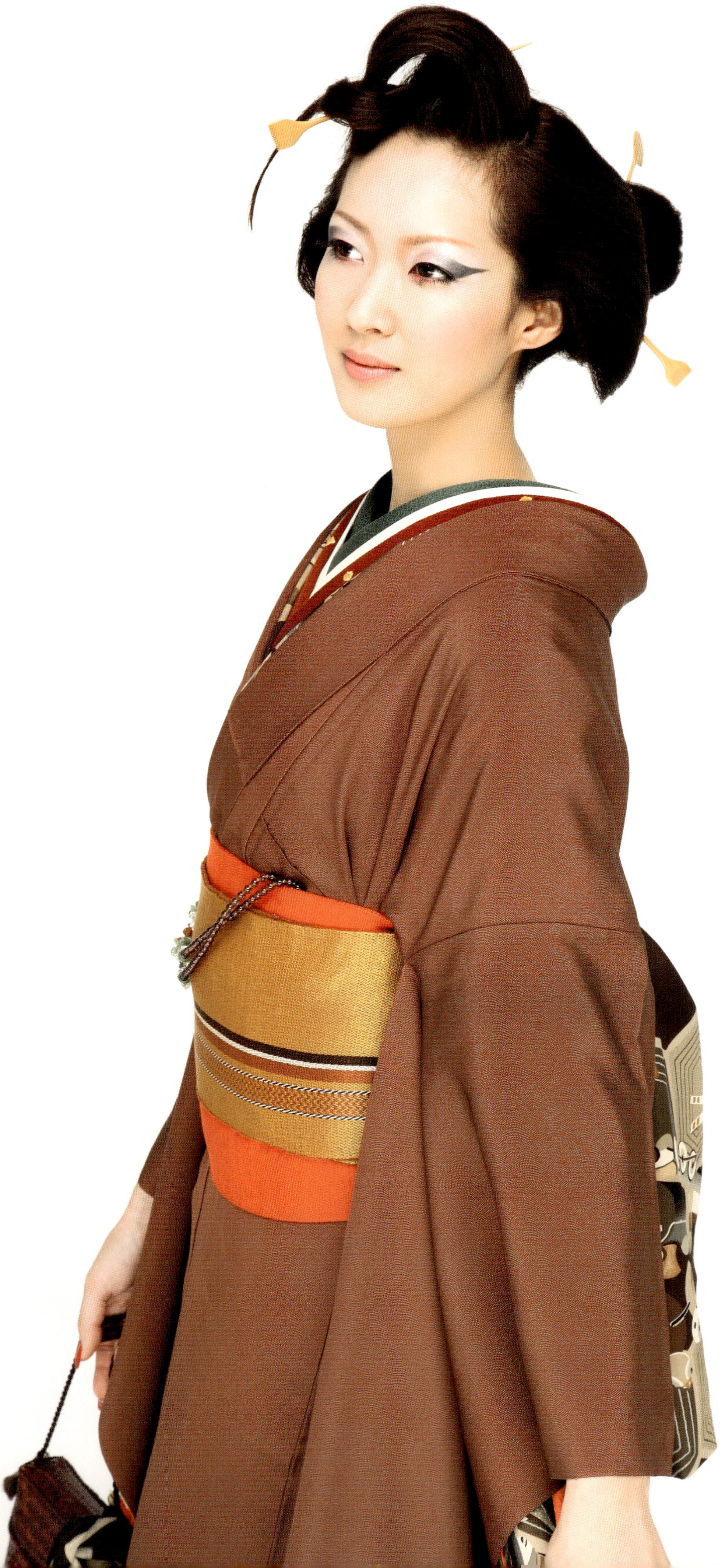

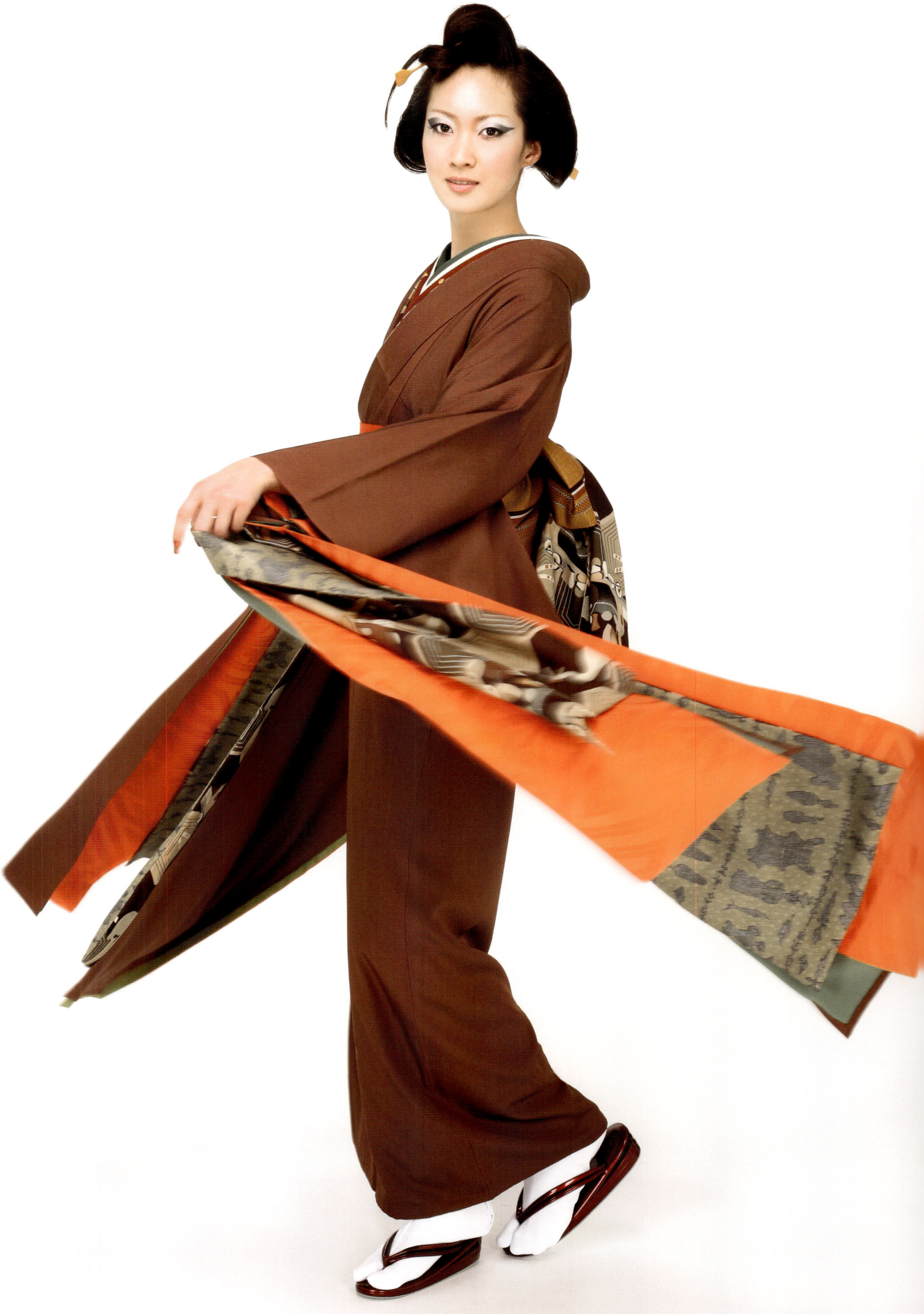

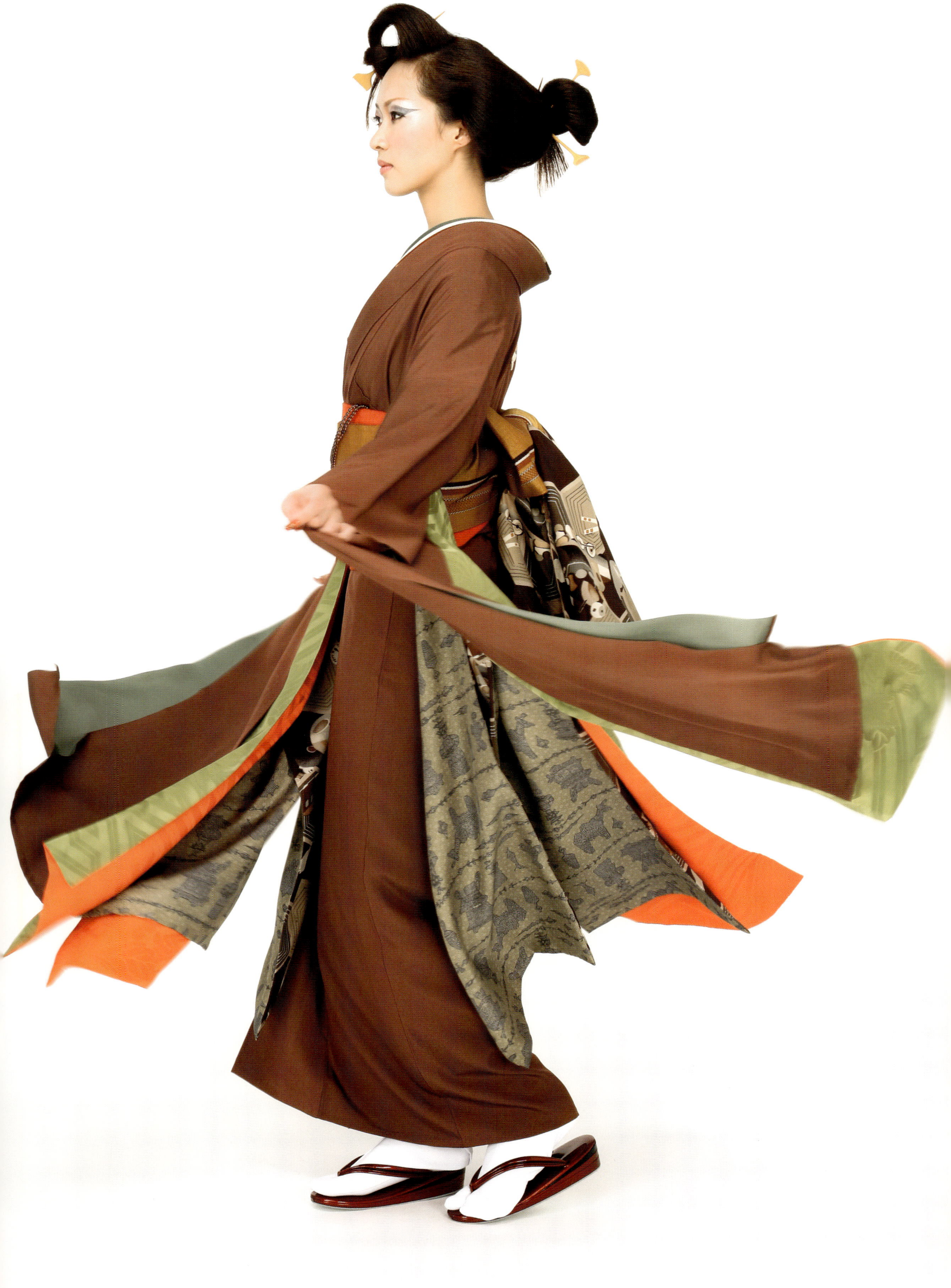

from AIKO

谷口愛子

「伝統と革新」をテーマにショーの華やかさと
仕事人のムダのない動きと技を見ていただいた

ヘアショー＆写真集

| 諸先輩から受け継いで
| 自分の経験を重ねたテクニックを見せる

□ 新美容出版90周年記念イベントとして開催したヘアショーと記念写真集の撮影がようやくひと段落ついたところで、改めて谷口先生に今回の一連のお仕事についてご感想をお聞きしたいと思っています。今回は、長年にわたって美容界で活躍してこられて今も現役の先生方が、さらに前に進もうとしておられる姿勢を多くの方々に見ていただきたくて先生にお声をおかけしたわけですが、最初にショーの話をお聞きになった時にはどのように思われましたでしょうか？

谷口：お話をいただいた時は、それは嬉しかったですよ。大勢の中から私を選んでいただいたわけですからね。自分の精一杯のものを皆さんに見ていただこうと思いました。今回のヘアショーと写真集のテーマは「伝統と革新」です。私のテクニックの基盤は諸先輩

ARCHIVE

1966年
「しんびよう」4月号
全国美容大祭入賞者
オリジナルヘア

1967年
「しんびよう」8月号
Summer Resort Hair Fashion

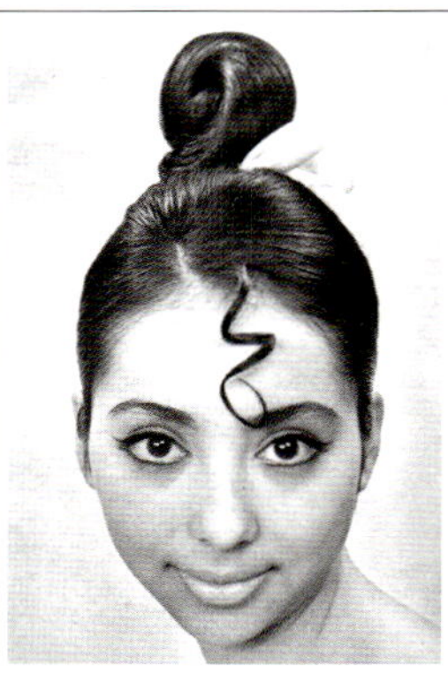

1968年
「しんびよう」2月号
Scarf「装飾性が
ヘアスタイルに復活する」

1969年
「しんびよう」1月号
アバンギャルドファッション
超ロングヘアの前衛的創作

「美容師の友」11月号
「フリッカー」木の葉のゆらぎ

1970年
「しんびよう」8月号
フォークヘア「無造作の
なかの女らしさ」

「しんびよう」9月号
表紙

「しんびよう」10月号
表紙

「しんびよう」10月号
「小さく優雅に・
よみがえるウェーブ」

「しんびよう」11月号
表紙

1971年
「しんびよう」4月号
谷口愛子作品集
「オリジナルサロン」

1973年
「美容師の友」1月号
オリジナルカラーヘアー
「新日本髪」

「しんびよう」2月号
しんびようオリジナルモード
今日的なドレスアップイメージ

「しんびよう」5月号
精鋭女流作家10人選
「マリリンモンローのイメージ」

「美容師の友」6月号
オリジナルカラーヘアー

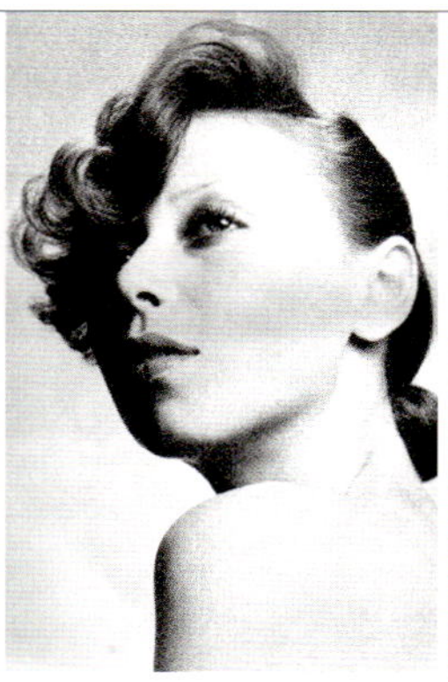

「しんびよう」10月号
しんびようオリジナルモード
今日的な「優しくクラシック・
ロマンの女」

1974年
「しんびよう」1月号
「74前半への私の予測と作品」

方がつくられてきたものです。その上に自分の経験を重ねて今があるんです。ですから「今の私を見て下さい。そこから何かを感じて下さい」という気持ちでステージを楽しみました。ヘアショーでは一緒に出演したマサ大竹先生が、先にショー形式でヘアスタイルをおつくりになったので、出番が後だった私は、ふだんのサロンワークの仕事を何も語らずに、ただじっくりと見ていただきました。

□ きちんとまとめ髪ができないまま四十代を越えてしまった美容師さんや、先生のテクニックをはじめて見た若い人たちにも衝撃を与えて下さったと思います。観客の皆さま方は、先生のかもしだす雰囲気や、つくっていらっしゃる手元をじっと見続けていらっしゃいました。

谷口：若い人たちに支持されたのは一番嬉しいですね。若い人たちが私の仕事から美容の歴史の一部分でも感じてくれれば、これからの美容界も変わっていくんじゃないかしらと思います。

ショーについて私が誇りをもって言えるのは「ムダな動きはしていない」ということです。流れが途切れることなく続いていると思います。途中で手が止まったりすることは全くなかったですね。次から次へとやるべきことが頭に浮かんできて手が動きました。気持ちが集中した時には、体全体、腕の角度、指の角度といった動き全部がバランスよくひとつになります。そういう動きをお見せすることができたと思います。終わったあとで、どなたかが私たちふたりの仕事を「ショーの華やかさと匠の仕事を見せてもらった」と評して下さったのですが、華やかではなくても確実な仕事をちゃんと見て下さったことを嬉しく思いました。

□ ヘアショーの会場はライブハウスのSHIBUYA-AX。先生のステージではバックミュージックがロック、モデルの衣裳も普通の着物ではなくて和テイストの今までになかった衣裳、さらに先生がヘアスタイルをおつくりになる最中にモデルたちが舞台から降りて客席を動き回る大胆な構成でしたが、衣裳を含めた全体のバランスはいかがでしたか？

谷口：衣裳は姉の中村啓子がデザインを担当しましたが、今回はモデルの身長が高いので寸法が合わなくて大変だったみたいです。全体のバランスについていえば、これはショーだけでなく美容のすべてに共通することなのですが、頭が奇抜になってはいけないし、衣裳が目立ってもいけない。全部が溶け込んだなかに美しさがないといけません。そして、そこには私らしさが絶対に必要になります。

今回のショーに出演したことで、ものの見方や感じ方がまた新しくなりました。衣裳を手がけた姉も同じで、次々と新しいアイディア

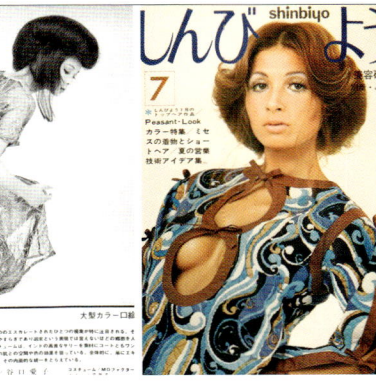

1970年
「しんびよう」1月号
SHINBIYO'70

「しんびよう」2月号
私とモデルシリーズ

「しんびよう」5月号
大型カラー口絵解説

「しんびよう」7月号
表紙

「しんびよう」8月号
表紙

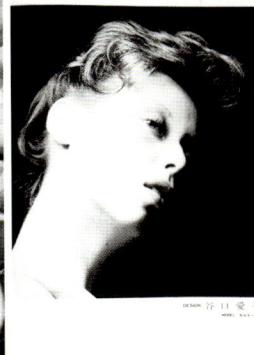

1971年

1972年
「しんびよう」1月号
私のデザイン・アイとその主張
「少年ぽい雰囲気に」

「しんびよう」6月号
ベアー・ルック
「シュアでシンプル」

「しんびよう」9月号
ソフトリー・エレガンス

「しんびよう」12月号
コワフール・エチュード
「ロマンの構成・クラシックムーブとボリューム」

1974年
「しんびよう」4月号
しんびようオリジナルモード
「ブラシック・クラシック」

「しんびよう」6月号
しんびようオリジナルモード
「ロマンチックフォーク」

「しんびよう」12月号
12コレクションズ
「ノスタルジー」

1975年
「しんびよう」1月号
「50人・ヘアデザイナー
コレクションズ」

1976年
「しんびよう」2月号
女流作家シリーズ「リンとアイリーン」

が浮かぶみたいですよ。一緒にステージを踏んだスタッフとのチームワークも一層よくなりました。

□ そのお言葉どおり、先生はショーが終わるとまたさらに進化され続けていらっしゃいますね。写真集の撮影では新しいスタイルを見せていただきました。次々と新しいデザインが生まれるのはサプライズの連続ですが、先生のそのインスピレーションの源は何でしょうか？

谷口：それは「常に五感をはりめぐらす」ということではないでしょうか。ステージはどこにでもあるのです。電車の中や、最寄の駅から店につくまでの歩く間だってそうです。ひとりの女性を見ると、その人に自分がしたいデザインを頭の中でひとつひとつ描いていくことができるんです。コーヒーカップやお茶碗を持った瞬間に感じる丸みの感触をいいなと思ったら、それをヘアスタイルにすればどうなるかを考えます。日常生活の中にも、目の前にデザインとして活きる素材はたくさんあると思います。空気、風、揺れる木々とかいろいろね。

□ 写真集で難しかったのは、ショーでは空間の中で音と動きと、一緒に見ていただいたものを平面に定着させるということでした。あの躍動感、臨場感をどう再現するかということが一番難しかったですね。

谷口：ショーと写真集は表現がまた違うものですからね。ステージでは動きがあるのでピンが見えても一瞬ですが、写真集ではそうはいきません。ピン1本の動きが切り取られて出てしまうのが写真です。写真では静止した状態の1度の首の角度で雰囲気がまったく違ってきます。そこまでこだわって考えないと、きれいなヘアスタイルにはならないのです。

□ 昔からの先生のお仕事を知っていらっしゃる方には「この髪型にはこれだけのバリエーションがあるんだ」とか、「こういう髪型もおつくりになるんだ」といった驚きのある写真集に仕上がったと思っています。

谷口：ヘアショーも写真集もひとことで言うと「私の後ろをご覧ください」ということ。例えば写真集ではスタイルを前から見るわけですが、それだけではだめなんです。このスタイルの後ろ側はどうなっているのかしら？ この作者はどういう意図でこの作品をつくったのかしら？ とそこまで探ることによってはじめて作品が自分のものになるはずです。ぜひ後ろまで想像していろいろなことを感じ取って欲しいですね。

1976年
「しんびよう」2月号
女流作家シリーズ「リンとアイリーン」

1976年
「しんびよう」7月号
しんびようオリジナルスタイル
「小さく美しい動きのイメージ」

1977年

「しんびよう」8月号
'77 SHINBIYO ORIGINAL MODE「ナチュラルロマン」

「しんびよう」12月号
'77 SHINBIYO ORIGINAL MODE
「ニューロマンチック・ソフトネス」

「しんびよう」1月号
SHINBIYO NEW YEAR COLLECTIONS

1978年

「しんびよう」4月号
'78 SHINBIYO ORIGINAL MODE 2「ニューロマンチック」

1978年

1979年
「しんびよう」1月号
'79 新春大特集 しんびよう30人選

「しんびよう」4月号
SHINBIYO ORIGINAL MODE・A「線」

谷口愛子の原点

> 中原淳一が描く女の子のような髪型を
> つくってみたいと思ったのが美容を意識した最初

□ 先生とお仕事をご一緒させていただいて、美に関する感性を間近に拝見してきたわけですが、その背景にはご両親の影響など、子どもの頃から美的センスを育む何かが、おありだったのでしょうか?

谷口:私は愛知県豊橋市の出身ですが、祖母も母も着物が好きで、私も子どもの頃から着物を着せられていました。縮緬の手ざわりのように、手の感覚で覚えたことは大人になってもずっと残ります。ですから私は着物になじみましたし、姉はそれがきっかけで着物のデザインまでするようになりました。

□ 先生が美容の世界に興味を持たれたきっかけをお教え下さい。

谷口:小学生の頃から中原淳一の絵が好きで、あの雰囲気に憧れていたんです。彼の描く前髪をおろしたポニーテールの女の子が一番好きでした。ひとりの作家からあんなにたくさんの作品が生み出されるなんて素晴らしいことですよね。美容の仕事も同じかな、とその頃から漠然と思い浮かべていました。

高校を卒業して、父親から将来なりたいものとその理由を問われて、パン屋、ケーキ屋、本屋、美容師などを答えると、消去法で一番やりたい仕事を選ぶようにと言われました。そこで残ったのが美容師だったんです。インターンで最初の美容院に入って修行し、その後独立して自分のお店、立岩美容室を持ちました。当時、何度かコンテストに出場しましたが全然入賞することができなくて、それから本当に一生懸命勉強したんです。ようやく吉行あぐり先生の東京美容師会の第1回コンテストで厚生大臣賞とジャーナル賞をいただいてからは、業界誌、一般誌、CMなど仕事の世界が広がりました。上京して結婚してからは、夫で美容師でもある谷口光正と二人三脚で今日までやってまいりました。

□ 今まで美容業界でお仕事をしていらして、特に印象深い出来事はどのようなことでしょうか?

谷口:日本に来て初めて作品を見せてくれた海外の有名美容師たちとの出会いでしょうか。アレクサンドルに一番最初に出会った時、カリタ姉妹のロータスラインを見た時、サスーンのカットの手技、ミネッティ、ロマン……。それぞれのテクニックの素晴らしさにものすごくショックを受けたことが今も忘れられません。

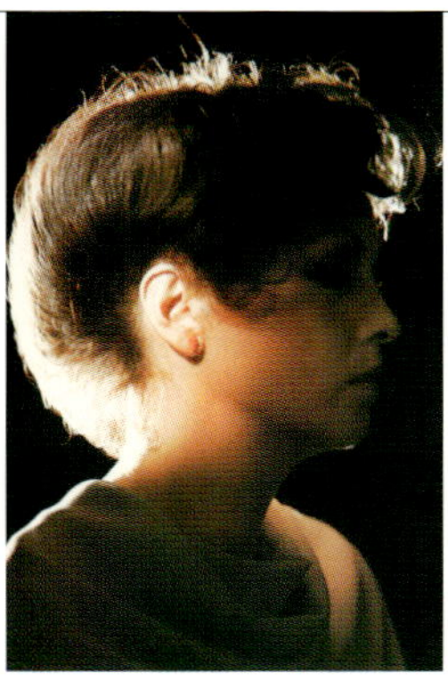

1977年
「しんびよう」1月号
SHINBIYO '77 HAIR DESIGNER 30!

「美容師の友」2月号
大型口絵「谷口愛子のヘアファッション」

「しんびよう」4月号
'77 SHINBIYO ORIGINAL MODE「フォークロア調のロマンヘアに…」

1978年
「美容師の友」7月号
大型口絵 谷口愛子作品集「マナの4つの部屋」

「しんびよう」9月号
'78 SHINBIYO ORIGINAL MODE 2「ちょっとタイトに」

「しんびよう」11月号
谷口愛子コレクション「ジュラ、ビビン&ジュン」

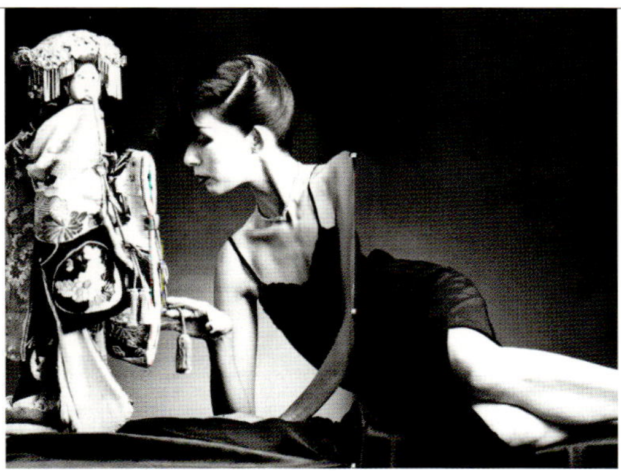

1979年

「美容師の友」5月号
Hair Fashion Now

1980年
「しんびよう」1月号
'80 TOKYO COLLECTION ベスト30人選

□ あの頃は日本人の美容師も、きら星のように有名な先生方がいらっしゃいましたね。

谷口：そうですね。名和好子先生や井上陽平先生、石渡潔先生からもご指導していただきました。まだ勉強中の若い頃、豊橋で石渡先生の研修会がある時には、必ず朝守衛さんが来るのと同じくらい早い時間に行って会場の掃除をしました。椅子を並べるのを手伝って、ステージが一番見やすい位置を確保したんです。毎回同じ席に座って研修を受けているので自然と顔を覚えてもらい、実習になると他の人以上によく教えていただいたのを覚えています。そうした素晴らしい出会いが今の私の財産になっています。

□ 先生は海外のステージもたくさん経験されていて、海外では「魔法の手」の持ち主と言われてますよね。

谷口：海外のショーや講習会への出演はイタリアのボローニャからはじまりました。これまでスペイン、フランス、ドイツなどいろいろな国に行きましたが、概してヨーロッパは日本よりも着物が好評ですね。それぞれの街の太陽の光の加減によって街の空気がまるで違いますから、いつもその街に合う色彩の着物を選んでいます。ある会場の楽屋では「あなたは本当に美容師？まるで形（フォルム）をつくっていくアーティストだね」と言われましたが、とても嬉しかったですね。

□ 先生には、毎年のテーマがあるとお聞きしていますが、ここ最近ではどんなテーマをもうけていらっしゃいますか？

谷口：今年のテーマは「風をまとう」、そして去年のテーマは「定点」でした。私は定点という言葉をとても重要視しています。カットにしてもロングにしても、自分がつくろうと思っていたスタイルと雰囲気がやっているうちに変わってしまった、というのは定点ではありません。定点とは揺るがないもののことです。お客様とコミュニケーションを図ってスタイルの設計図をつくる。そのできあがりが最初の設計図と変わらない、揺るがないものだとお客様にも喜んでいただけるし、私も嬉しい。それが一番の基本です。1+1＝2、そのベースがきちんとできて次の段階に進むのはいいのですが、1+1の部分がしっかりできなくて揺れてしまうと、いい仕事にはなり得ないと思っています。

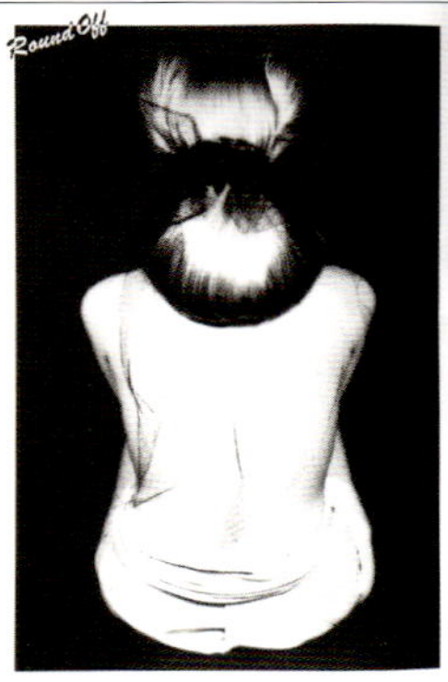

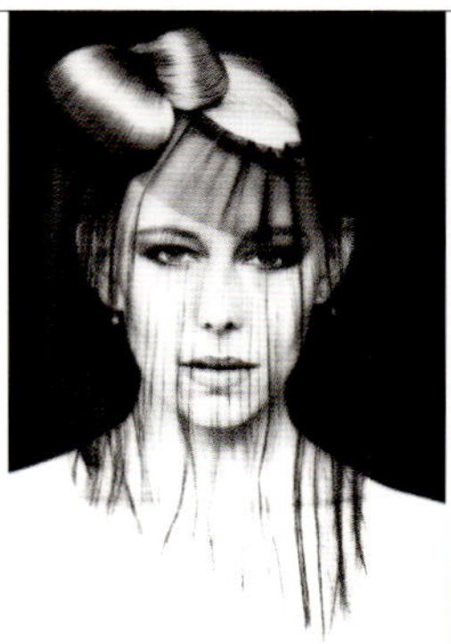

1980年
「しんびよう」4月号
ローラーとピンカールによる
「オリジナルセット」

「しんびよう」7月号
SHINBIYO ORIGINAL MODE「Round Off」

「美容師の友」1月号
シリーズ髪を語る
「サロンこそ感覚を磨く場なのよ」

1981年
「しんびよう」4月号
ロングヘア再考シリーズ「ニューポンパ・ドール」

1992年
「しんびよう」9月号
作品集「女の髪を結う こころにしみる、曲線美」

1994年

明日の美容を担うあなたへ

美容師ほど地道で繊細な仕事はない
歴史にも目を向けて新しいものを生み出して欲しい

□ 美容業界の仕事の根本はこれからも変わらないと思います。その根本のところで先生から若い人へのアドバイスをお願いいたします。

谷口：私は美容師ほど地道で繊細な仕事はないと思います。この仕事は、20代では技術プラス人間性を磨く時期だと思います。一輪の花の固いつぼみが、毎日の努力の積み重ねによって30代、40代と三分から五分咲きになり、50代、60代で八分咲きになり、70代で大きく花開くのです。私は今も新入社員が入ってきた時には、「あなた方は私の将来のライバルよ」って言いますし、本当にそう思っています。彼らをどんな宝石に磨いていこうかと考えるだけでワクワクしますね。自分の子ども、兄弟姉妹だったらどう育てようかと思って育成します。

　美容師の仕事は、美容が本当に好きで人を美しくすることができて、お客様ともその気持ちをどう共有しながらやっていけるかが大事です。「美容室に入って嫌だったら3日でやめなさい。決めるのに3か月かかったらあなたには才能がない」とよく言います。見極めるには3日あればわかる。そのぐらい真剣に仕事に取り組んで欲しいと思っています。

□ 最後になりますが、同じ美容の道を歩む後輩たちに、これだけは伝えておきたいということが、おありでしたら教えて下さい。

谷口：面構成で私がつくるヘアスタイルを、若い人たちは古いと感じるでしょう。ベースである1+1=2の仕事なくして美しいヘアスタイルは成り立たないのですが、残念なことに、今の若いお客様には最初から崩した盛りヘアの方がうけるんです。でも茶道、華道、歌舞伎の世界のように、伝統を大事にする世界にはそれぞれの大切な歴史があります。美容の世界も実は同じで、美容の歴史の部分にも目を向けてみて下さい。

　「自分が持っているテクニックや、スタイルをつくる時の気持ちの入れ方を、後世に一部でもいいから残したい」。これが今の私の切なる願いです。髪を中に仕舞っていく、形をつくっていくことを今は誰も教えないので、ほとんどの人ができません。ですからショーや講習会の場では、ひとりでも多くの人にテクニックを見ていただきたい。こんな仕事もあるのかと思って見ていただきたいですね。私は持てる技術を惜しみなく伝えるので、あとに続く若い人たちには、その技術をベースにしてプラスアルファの新しいものを生み出していって欲しいと願っています。

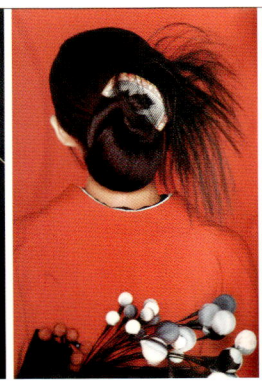

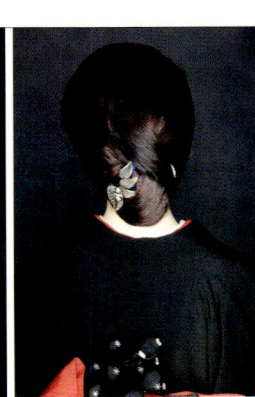

1981年
「しんびよう」10月号
特別企画「結う」髪の美しさを極める。優婉に紡いで「髪・爛熟」

1992年

1994年
「しんびよう」6月号
別冊「HAIR WONDERLAND」女を綴る

1994年
「しんびよう」11月号
「はたちのまとめ髪」初級編・中級編

「しんびよう」12月号
「はたちのまとめ髪」上級編

MUGEN Beauty
Hair Show Day によせて

　1919年（大正8年）に初代長尾義胤が黒髪社として創業した新美容出版株式会社は、2009年に創業90周年を迎えました。これを機として、弊社は美容を志す皆様と共に「さらなる未来へ」向かうため、美に関わる仕事に携わる皆様の未来は、常に「無限」に向かって開かれていてほしいとの願いを込めて、「MUGEN ∞ Beauty宣言」をいたしました。

　創業90周年の記念イベントとして、東京・SHIBUYA-AXにおいて2つのステージを開催いたしました。2010年9月7日（火）に行われた「MUGEN ∞ Beauty-Hair Show Day」は、「Never Forget your Alice – あなたの中のアリスを忘れないで – 」と題したプロローグからスタートしました。「好奇心に満ちた幼い頃のアリス」「希望と挫折を経験して再び立ちあがるアリス」「自立し、さらなる未来へ静かに挑戦し続けるアリス」をバレリーナが表現。それぞれのアリスのダンスファンタジーの世界を通じて、観客自身が、自分の中にあるアリスの存在に気づいていただく趣向です。

　メインプログラムに入り、エロール・ガーナーの奏でるジャズピアノ『Misty』、マルコム・マクラーレン、カトリーヌ・ドヌーヴが語る『Paris.』、シャルル・アズナブールが歌いあげるシャンソン『ラ・ボエーム』の調べにのって、驚くほどの速さでモデルのアップスタイルを次々に創りあげる美容家・マサ大竹氏の世界がステージ上に繰り広げられました。続いて、シルヴィー・バルタンのシャンソン、ウルフマザーのロックが流れるなか、バズーカ砲を持ったモデルが画面の月を打ち抜いた瞬間に始まったのが、繊細なアップスタイルを職人技で創り上げる美容家・谷口愛子氏の世界です。静から動へと展開していくヘアショーの最後は、キッズボサノヴァをエンディングミュージックに全員が笑顔でステージに上がる和やかなエピローグへと進みました。ご来場いただいたお客様にとって、生涯忘れられない「美」の世界をご覧いただけたのではないかと、今も思っております。

　9月14日（火）には、記念イベントの2つ目のステージ、「MUGEN ∞ Beauty Visual Rock Day」と題したROCK EVENTを開催。ロックバンドの表現する音楽とヴィジュアルの世界から、若い美容師の皆様に美容の未来を体感していただきました。

　弊社にとっても想い出深い、記念すべきこのイベントの記録をアーカイブの一環として残しておきたいと考え、『日本の美容家たち』シリーズを発刊することにいたしました。

　第1巻に続き、第2巻『日本の美容家たち　谷口愛子』をお届け致します。

　今も尚、SHIBUYA-AXのステージの感動を全身で思い出すことが出来ます。谷口愛子氏のヘアスタイルに中村啓子氏の和テイストの衣裳を身に纏い、ウルフ・マザーのロックにのって、ライヴハウスを所狭しと闊歩するモデルたち。その瞬間の想いと、臨場感を一冊にまとめました。

　ヘアショーをご覧になられた皆様も、初めて誌面でご覧になられる皆様も「谷口愛子ヘアワールド」をご堪能いただきたいと思います。

Dance：坂本恵理子

2013年4月吉日
新美容出版株式会社 第三代代表取締役社長　長尾明美

Profile

谷口 愛子

美容家
M. TANIGUCHI ビューティカレッジ主宰
日本ヘアデザイン協会（N.H.D.K.）設定委員
M. TANIGUCHI Staff Training Management Officer

キャリアウーマン、主婦、女優に至るまで、幅広い年代の顧客に信頼と人気がある。美容師になりたてのころ吉行あぐりさんの東京美容師会全国コンテストに出場。「厚生大臣賞」「ジャーナル賞」を受賞以来、業界および一般誌、各メディアへの作品発表の仕事が広がる。さらに海外でのヘアショーにも多数出演。イタリアのボローニャから始まり、パリで2回のステージ、スペインのマドリッドで4回、セビリア・バルセロナで2回、マラガと、海外のショーを手がける。「魔法の手」を持つ日本の女流美容家の第一人者として高く評価されている。現在も積極的に国内外のショー、実習を行っている。
豊橋市の立岩美容室より美容師人生が始まり、1966年に美容家・谷口光正氏と結婚、ともに美容家として活躍。サロンワークを何より大切にし、1998年9月、東京銀座4丁目に「美容室谷口愛子」をオープンした。サロンは顧客に愛され、すでに15年の月日を刻んでいる。海外、地方でのショーの仕事日と日曜日以外は、毎日店に出てお客様の喜びを自分の喜びと感じ、いつも笑顔でお客様に支持される美容師でありたいと願いつつ、ヘアスタイルをつくっているという。
『美しいアップ63』『アップの手ほどき BASIC UP』（新美容出版刊）ほか著書多数。

日本の美容家たち　谷口愛子

ヘア・メイクアップ：谷口愛子
衣裳制作・着付：中村啓子
メイクアップ：尾崎里子／松本聖子／金澤多恵子／栗原雅枝
Special Thanks：山田知子／本橋ちはる／高橋篤／水口正彦

写真：逸見隆明
デザインサポート：狩野千英

2013年4月8日発行
定価 6,300円（本体 6,000円）

編集／発行人　長尾明美
発行　新美容出版株式会社
　　　〒106-0031 東京都港区西麻布 1-11-12
　　　代　表　TEL 03-5770-1230（代表）
　　　販売部　TEL 03-5770-1201　FAX 03-5770-1228
　　　http://www.shinbiyo.com
印刷・製本　凸版印刷株式会社

印刷には十分注意しておりますが、万一落丁・乱丁がありましたら、本社にてお取り替えいたします。

記事・写真イラストなどの無断転載を禁じます。
© SHINBIYO SHUPPAN Co., Ltd.
Printing in Japan 2013